第三の大国　インドの思考

激突する「一帯一路」と「インド太平洋」

笠井亮平

文春新書

1401

まえがき

二〇二〇年以来、世界は暴風雨に襲われている。新型コロナウイルスのパンデミック。ロシアのウクライナ侵攻。食糧とエネルギー価格の高騰。そして激しさを増す一方の米中対立――。「混沌」と「不透明さ」が現在とこれからの国際社会を表すキーワードになりつつある。

イアン・ブレマーが「Gゼロ」と呼んだように、現代の世界は冷戦期の東西対立でもなければ、一九九〇年代以降のアメリカ一極体制でもない、多極化が進行する状況にある。世界経済に占めるG7の割合が低下する一方、新興国や資源国の比重は拡大しつづけている。G20は現状に対処するためのフォーラムではあるが、参加国の多さゆえに実効性とスピードには課題が残る。

こうしたなかで、急速に台頭を遂げつつあり、世界の中でキープレイヤーになろうとしている国が南アジアにある――インドだ。

人口は二〇二三年中に中国を抜いて世界第一位となるとされ、経済規模でも二〇二二年にかつての宗主国・イギリスを抜いて米中日独に次いで五位に躍り出た。軍事費の伸びも著しく、二一年時点で世界のトップ3はアメリカ、中国、そしてインドとなっている。こうした国力の急伸長を背景に、世界の舞台でインドの影響力は日に日に高まりつつある。

だが、インドという国には「分かりにくさ」がつきまとう。

それが際立ったのは、ロシアのウクライナ侵攻をめぐる対応だ。国連安全保障理事会でのロシア非難決議案に対し、インドは棄権票を投じた。日米豪印戦略対話「クアッド」の一角を占め、二国間でも日米との関係強化を進めてきたはずのインドが、なぜロシア非難に与《くみ》しないのか――そう訝《いぶか》しがる声が国際社会で上がった。

中国との関係も、「反中か親中か」という二元論では簡単に割り切れない複雑さを抱えている。ユーラシアと海洋の双方でインフラ整備を通じた大規模な開発を進める現代版シルクロード構想「一帯一路」に対しては、インドは警戒感を示して反発している。だがその一方で、中国主導の「アジアインフラ投資銀行」（ＡＩＩＢ）には創設メンバーとして参加。未解決の国境問題が時に軍事衝突に発展することがありながらも、インドにとって中国はアメリカと並ぶ最大の貿易相手国でもある。

グローバルな課題や地域の貿易枠組みづくりでもインドは一筋縄ではいかない姿勢で臨んでいる。「グローバル・サウス」の代表を自任するインドは、気候変動問題でも先進国とは一線を画し、途上国の立場から主張を展開している。核兵器保有国ではあるが、核不拡散条約（NPT）は五大国のみに核保有を認める不平等なものとして加わっていない。「地域的な包括的経済連携」（RCEP）の交渉に参加していたものの、交渉が大詰めを迎えていた二〇一九年一一月に離脱を決めるなど、「NO」ということを恐れず、実利に適うか否かで決断を下すインドの姿勢を強く印象づけた。

　これからの世界は、このインドという国を抜きにして論じるわけにはいかなくなっている。言い換えれば、中国もさることながら、インドが世界の帰趨を左右するパワーとして台頭しつつあるということになる。その影響力は、南アジアやインド洋にとどまらず、インド自身が「拡大近隣」と呼ぶ広い範囲に及ぼうとしている。それは中国の「一帯一路」への対抗《リアクション》であると同時に、インドが自ら主導する行動《アクション》でもある。

　インドのS・ジャイシャンカル外相は自著『インド外交の流儀』（白水社）のなかで、現在の国際社会の状況を「巨大な中国跳棋《グランド・チャイニーズ・チェッカーズ》」になぞらえている。中国跳棋はその名に反して中国ではなく一九世紀末にドイツで考案された、六芒星のかたちをしたボードゲームだ。最大六人が参加でき、プレイヤー間で協力することもできる。元米大統領補佐官ズビグニュー・ブレジンスキーはかつてユーラシアの地政学を「巨大なチェス盤《グランド・チェスボード》」に喩《たと》えたが、世界が超大国同士の対峙から混沌とした多極化に向かって久しく経ち、規模も力も意図も多様なプレイヤーが時に競合し、時に協力する現状は、中国跳棋により近いといえるだろう。さらに同外相はこうも付け加えている——「ゲームが進行してからも、ルールについて議論をやめないプレイヤーがいる」と。これは、新興大国が既存のルールに異議を唱えることで、国際秩序が揺らいでいる現状を比喩的に指摘したものだ。そして同時に、自国に有利なルールメイキングを通じて国益の増大を図ろうとしていることの表れでもある。

　では、インドというプレイヤーは何を目指し、どのような思考とアプローチで「巨大な中国跳棋《グランド・チャイニーズ・チェッカーズ》」を指そうとしているのか。中国、アメリカ、ロシアといった他のプレイヤーとはいかに渡り合っていくのか。そして日本にとってインドの台頭は何を意味するのか。本書はこうした問いに答えようとする試みである。

第三の大国　インドの思考　激突する「一帯一路」と「インド太平洋」◎目次

＊一部の島嶼国は●で示した。また、名称を記載していない国もある

インドを中心に見たユーラシア、アフリカ、インド太平洋地図

序章　ウクライナ侵攻でインドが与えた衝撃

二〇二二年二月二五日、国連安全保障理事会では緊迫した議論が行われていた。二四日に起きたロシアのウクライナ侵攻を非難し、武力行使の即時停止を求める決議案が提出され、各理事国の国連大使が投票方針とその理由の説明を行った。提出国のアルバニアとアメリカはもちろん、多くの国がロシアの軍事行動を非難し、決議案に賛成の考えを示した。

このとき、インドは非常任理事国を務めていた。採決後、T・S・ティルムールティ国連大使が、用意したステートメントに目をやりながら、口を開いた。

「インドは今回のウクライナでの事態に深く心をかき乱されている」

「暴力と憎悪の即時停止を実現するために、あらゆる努力をなすよう求める」

「現在の国際秩序は国連憲章、国際法、各国の主権と領土保全の尊重にもとづいて構築されている。すべての加盟国は、建設的な打開策を見出すべく、こうした原則を守る必要がある」

「現在の状況がいかに厳しくとも、対話こそが対立と紛争を解決するための唯一の答えだ」

今回の事態に深い憂慮を示す内容だったが、結論として最後に同大使はこう言った。

「こうした状況を踏まえ、インドは棄権することを選んだ」

採決自体について言えば、決議案が不採択に終わることは明らかだった。非難の対象であるロシアが常任理事国として拒否権を発動することは目に見えていたからだ。しかもこのときロシアは輪番制の議長国で、ワシリー・ネベンジャ国連大使は「ウクライナはミンスク合意を履行していない」、「ネオナチと民兵が民間人をいまも殺害している」、「責任はウクライナ政府にある」などと、今回の事態を招いた責任はウクライナ側にあるかのような発言を繰り返した（これに対し、ウクライナのセルギー・キスリツァ国連大使は「あなたの言葉はニューヨークのプレッツェルの穴以下の価値しかない」と皮肉を込めて反論した）。

常任理事国で、ロシアと密接な関係にある中国が棄権にまわることも織り込み済みだったはずだ。同国の張軍国連大使は、今回の事態には慎重に対応すべきであり、火に油を注ぐのではなく鎮静化させる取り組みが必要だと指摘した。このほか、アラブ首長国連邦（UAE）も棄権した。

こうしたなかで、「世界最大の民主主義国」を標榜し、近年ではアメリカや日本、ヨーロッパ各国との関係を密にするインドがなぜロシアの暴挙を非難しないのか、と国際社会から疑問の声が上がった。ウクライナ侵攻に憂慮を示しながら、棄権という結論に至ったのも不可解に映った。「なぜインドはロシア非難決議で棄権したのか」を分析する記事が多くの主要メディアに掲載されたが、それはインドの対応に世界がいかに当惑しているかを物語っていた。

安保理で国連総会の緊急特別会合開催についての採決が行われた際にも、インドは棄権票を投じた（手続き事項については常任理事国の拒否権は適用されないため、こちらは採択された）。これを受けて招集された総会緊急特別会合でも同様の姿勢が取られたことは言うまでもない。例えば、四月七日に総会が人権理事会でロシアの参加資格を一時停止する決定を採択した際もインドはやはり棄権しており、この姿勢は一貫している。

インドの独自路線は、国連においてだけではなかった。米欧が主導し、日本も加わった経済制裁にインドは加わらなかった。それどころか、ウクライナ侵攻が始まって以降、インドがロシアから石油や石炭の輸入を急増させていることが次々に報じられた。ロシアから購入した石油の一部は、インドで精製されてヨーロッパに輸出されているとの指摘もされ、「制裁の抜け道ではないか」という非難の声も上がった。

インドに対する風当たりが強くなりそうなものだが、実際に起きたのはその逆だった。

主要国トップによる「インド詣で」が始まったのである。

先鞭をつけたのは日本だった。三月一九日、岸田文雄総理が首都デリーを訪問し、ナレンドラ・モディ首相と会談したのである。同総理にとっては就任後初の外国訪問で、日本の総理が訪印するのは二〇一七年の安倍晋三総理（以下肩書きは当時）以来のことだった。四月二一日には、イギリスのジョンソン首相が訪印。その四日後には、欧州連合（EU）のフォンデアライエン委員長も続いた。オンライン形式では、オーストラリアのモリソン首相（三月二一日）、アメリカのバイデン大統領（四月一一日）がモディ首相と会談を行った。一連の会談に共通していたのは、ウクライナ情勢について話し合われたものの、共同声明にはロシアを名指しして非難する文言は盛り込まれなかったことだ。

一方のロシアからも、ラブロフ外相が四月一日に訪印し、S・ジャイシャンカル外相と会談した。ラブロフ外相は「インドがこの状況を一方的にではなく、事実の全体の中で捉えていることを評価する」と発言し、ロシア非難の大合唱が沸き起こるなかで、インドがロシアに一定の理解を示していることに言及した。さらに、中国の王毅外相も三月二五日に南アジア歴訪の一環でデリーを訪れ、印中外相会談を行った。両国間の国境問題がテーマだったと発表されているが、このタイミングでウクライナ情勢がまったく話題に上らないというのは不自然だろう。

これほどまでにインドが重視されるのは、ロシアのウクライナ侵攻をめぐりカギを握る国のひとつだからだ。

第一章で詳述するように、インドは旧ソ連時代にロシアと「事実上の同盟」とも呼ばれる強固な関係を築いてきた。ソ連崩壊後の一時期こそ関係は低調だったが、それでも防衛とエネルギーを中心とするパートナーシップが揺らぐことはなかった。二一世紀に入ってからは、「特別で特権的な戦略的パートナーシップ」の下で関係のさらなる緊密化が進んでいる。

その一方で、インドは全方位外交を展開している。なかでも顕著なのは対米関係と対日関係だ。アメリカとは二〇〇五年の民生用原子力合意以降、防衛やビジネスなどの幅広い分野で関係を深化させせてきた。日本はインフラ整備と経済でインドにとって欠かせないパートナーとなり、最近では防衛面でも協力が拡大している。日米印三か国による枠組みも、当初の事務レベルから一八年一一月には首脳会議が開かれるまでになった。これにオーストラリアを加えた「クアッド」も首脳会議が定例化し、二二年五月には東京で四か国の首脳が一堂に会した。

　日米豪、それにヨーロッパ諸国としては、インドを自陣営に呼び込み、ロシア包囲網をより強固なものにしたい。だが、インドは自国の安全保障と発展にとって死活的に重要な「軍備」と「エネルギー」をロシアに依存しているし、ロシア側からするとインドがパートナーでいてくれることで輸出先が確保できるだけでなく、グローバルなパワーバランスの面でも釣り合いをとることができるのだ。

　そして当のインドも、この状況をよく理解しているに違いない。インド国内でロシアのウクライナ侵攻に反発する声が有識者や野党政治家から上がってはいるものの、政府の方針に影響を及ぼすまでには至っていない。インドとしては、双方から必要とされる現在の状況を最大限に活用しつつ、自国の影響力拡大を図っていこうとしているのではないか。

　このような事態は、三十年前、いや二十年前でも考えられなかった。インドの国力と国際社会における影響力は限定的で、あくまで「南アジアの中での大国」の域を出なかったからだ。しかし今は違う。急速な経済成長によって、ＧＤＰの規模は米中日独に次いで世界第五位にまでなった。人口は一四億を超え、二〇二三年中には中国を抜いて世界最大になることが確実視されている。軍事大国化も進んでおり、ストックホルム国際平和研究所（ＳＩＰＲＩ）によると、二〇二一年の軍事費ランキングでインドは米中に次ぐ世界第三位だった。一九九八年には核実験を行い、核不拡散条約（ＮＰＴ）体制に加わることなく核保有を継続してもいる。

こうした国力増大を背景に、伝統的に大陸国家だったインドは海洋にも目を向けるようになっている。つまり、インド洋におけるシーパワーたらんとしているのだ。それは海軍力の整備だけでなく、多国間外交や沿岸警備、域内各国との政治・経済関係の強化からなる包括的なイニシアチブとして展開されている。ここに日米豪が進める「インド太平洋」構想やＡＳＥＡＮとの関係強化が重なることで、インドの存在がかつてない広がりのなかで重視されるようになっているのだ。

だが、これはインドの発展のみによってもたらされたのではない。「中国の台頭」という重要なファクターを受けて、その対抗として形成されていった側面が大きい。インド以上に発展著しい中国は、習近平体制のもとで積極的な対外進出を図ってきた。陸と海の「シルクロード」開発を掲げる「一帯一路」構想は、中央アジアを経由してヨーロッパにまで至ることがクローズアップされるが、もうひとつの重点地域が南アジア・インド洋なのだ。実際、スリランカ、パキスタン、バングラデシュ、ネパールといった国々が近年、中国への傾斜を急速に強めている。それは必然的に、「南アジアの盟主」たるインドの利益と衝突することになる。この地域での中国の影響力拡大が、経済面だけでなく、政治、さらには軍事面にも及びつつあるなかで、インドとしてはそれを座視するわけにはいかない。

一九世紀、英領インドを中心にアジアで帝国を拡大させていたイギリスは、帝政ロシアの南下を防ぐべく、中央アジアで激しいつばぜり合いを繰り広げた。両国の競合は、その地域的広がりと対立の激しさゆえに、「グレート・ゲーム」と呼ばれた。

上述したインドと中国をめぐる状況は、「二一世紀のグレート・ゲーム」と呼ぶのに相応しいのではないだろうか。だが、かつての英露の競合よりも、事態ははるかに複雑である。中国は他国に警戒感を与えながらも、その一方で経済的利益という果実をもたらしてもいる。インドは単独ではなく、日米豪と組むことで対抗しようとしている。ただ、そのインドとて、ウクライナ紛争への対応からもわかるとおり、ケースバイケースなのだ。そしてロシアという存在がここに加わってくることで、複雑さに拍車がかかっている。単に対立一辺倒ではなく、経済的相互依存や多国間枠組みでの連携が進行していることも忘れてはいけない。これは多数のプレイヤーがしのぎを削る「巨大な中国跳棋《グランド・チャイニーズ・チェッカーズ》」にほかならない。

ユーラシアを中心とし、海洋をも含む舞台で展開されるこのゲームは、日本にとっても無縁ではない。むしろ、この帰趨が日本の命運を握っているといっても過言ではない。そこでカギとなるのが、インドとの連携だ。しかし、そのインドは一筋縄ではいかない、是々非々の外交を展開している。そのさまは、時に臨機応変に、時に融通無碍《ゆうづうむげ》に映る。この巨大国家は、いかなる論理と意図にもとづいて行動しているのか。本書は、インドと中国との関わり、「一帯一路」と「自由で開かれたインド太平洋」へのインドの対応、そして南アジアやインド太平洋の各地で起きている事象の意味を説明することで、「第三の大国」の座をうかがうインドの思考と戦略を解き明かそうとするものである。

第一章　複雑な隣人　インドと中国

蜜月から対立へ

一九四七年、奇しくも日本の終戦記念日である八月一五日にインドはイギリスから独立した。初代首相に就いたジャワーハルラール・ネルーは首都デリーで行った同日未明の演説で、「真夜中、世界が眠りにつくとき、インドは生命と自由に目覚めるだろう」と厳《おごそ》かに宣言した。一八五七年の「インド大反乱」から九十年。イギリスの植民地支配に硬軟取り合わせた手法で抗いつづけたインド人は、ついに自由を手にした。

それから二年余りを経た一九四九年一〇月一日。デリーから三八〇〇キロメートル離れた北京では、中国共産党の指導者が天安門の楼上に立ち並んでいた。党主席の毛沢東は、マイクに向かって「中華人民共和国は今日、成立した」と高らかに宣言した。アヘン戦争、日清戦争、義和団の乱、日中戦争、そして国共内戦——戦乱の百余年を経て、新生中国が産声を上げた瞬間だった。

かつて世界に冠たる大帝国を作り上げながら近代になると列強に蝕まれたという共通項もあって、両国は互いをパートナーとして捉え、世界に向き合っていった。第二次世界大戦後ほどなくして始まった冷戦のもと、多くの国が東西いずれかの陣営につく選択をした。しかし、アジアやアフリカを中心として独自路線を歩む国々も少なくなかった。一九五五年四月にはインドネシアで二九か国が参加したアジア・アフリカ会議、いわゆるバンドン会議が開催され、中国首相の周恩来とインド首相のネルーが指導的な役割を担った。この流れは、後の「非同盟運動」へとつながっていく。

印中は二国間でも密接な関係を築いた。中国については、米欧をはじめ多くの国が蔣介石率いる中華民国を正当な政府——実際の支配地域は台湾と一部の島だけだったが——として承認していた。これに対し、中華人民共和国を承認したのはソ連や東欧諸国に限られた（西側ではイギリスが一九五〇年に承認）。こうしたなか、インドと中国は五〇年四月に相互承認し、外交関係を樹立した。五四年には、周恩来がインドを、ネルーが中国をそれぞれ訪問した。周はさらに五六年と六〇年にも訪印している。

「インドと中国は兄弟」とまで称され、両国が手を携えて第三世界を牽引していくかに思われた。だが、蜜月の陰で問題が早くも顕在化しつつあった。それは、印中関係のみならずアジアの国際政治に影響を及ぼすほどの深刻な対立へと発展していくことになる。

転機となったチベット問題

最初に見解の相違が露わになったのは、チベット情勢をめぐってだった。チベットは清朝崩壊後に独立を宣言し（承認したのはモンゴルのみ）、ダライ・ラマを最高指導者とする、宗教と政治が一体化した独自の統治機構を有していた。ところが、中華人民共和国が成立すると、人民解放軍はチベットを「平和解放」すべく、侵攻を開始する。軍事的に劣勢に置かれたチベット側は一九五一年五月に北京で一七か条からなる協定の締結を強いられ、中国の統治下に入ることになった。この協定では、「ガンデンポタン」と呼ばれるチベット政府を存続させ、域内の自治が保障された。ダライ・ラマの地位や職権も従来どおりとされた。これはいわば、後に香港で実施された「一国二制度」「高度な自治」に相当するものだった。

だが、中国返還後の香港の自治が形骸化されてしまったように、チベットの場合も「自治」や「信仰の自由」は次第に骨抜きにされていった。ダライ・ラマ一四世は当初中国に協力する姿勢を示し、一九五四年には全国人民代表大会の常務委員会副委員長のポストにも就いた。もう一人の高僧、パンチェン・ラマ一〇世とともに毛沢東と会談もしている。しかし、この頃からすでに中国に対する疑念を深めつつあったダライ・ラマは、五六年に仏陀生誕祝賀行事に出席するためインドを訪問した際、ネルーに対し自分が亡命を希望したら受け入れてくれるかと打診した。ところが、ネルーの回答は中国に戻るべき、というものだった。この時点では、ネルーは中国との友好関係維持を優先させたいと考えていたためだった。

当時のネルーの対中姿勢は、一九五四年に周恩来との間で結んだチベットとの通商に関する協定に表れている。インドは古くから政治的、経済的、宗教的にチベットと深いつながりを有していた。しかし、チベットが中国の統治下に入ったことを踏まえて結ばれた印中協定では、「平和五原則」が謳われたほか、インドと中国双方による通商代表部の設置や交易拠点の明示といった実務的な取り決めがなされた。だが、インドがそれまでチベットで持っていた特権については言及されなかった。後にインドは、自国通商代表部を護衛するために派遣されていた部隊の撤退や通信インフラの譲渡にも同意している。こうしたネルーの対中宥和外交に対しては、初代法相を務めたB・R・アンベードカルが批判するなど、当時から疑義が上がっていた。

しかし、一九五九年三月にラサで騒乱が発生したことで状況が大きく変わる。現地に駐留する人民解放軍が観劇招待を口実にダライ・ラマ一四世を拉致しようと企てているとの噂がチベット人のあいだで広がったことがきっかけだった。中国当局が鎮圧に乗り出す一方、ダライ・ラマは事態の悪化を回避すべく、ラサを脱出、ヒマラヤ山脈を越えてインドへと逃れた。今度はネルーもダライ・ラマの亡命を受け入れる決断を下した。北部ヒマーチャル・プラデーシュ州ダラムサラにチベット亡命政府（正式名称は「中央チベット行政府」）の機構を置くことも容認したほか、国内各地にチベットから逃れてきた難民のための定住地も提供した。

印中国境紛争への道

このチベット情勢の変化は、印中の正面衝突へと波及していく。国境問題である。

一九五一年にチベットが中国の統治下に入ったことで、インド・チベット間の境界はインド・中国間の境界となった。だが、大きな問題があった。全長約三五〇〇キロメートルにおよぶ境界がまったく画定していなかったのだ。印中の間には峻険なヒマラヤ山脈が横たわり、明確な国境線を引きにくいエリアが多いという事情があった。五〇年代に何度か両国間で協議が行われたものの、双方の見解の隔たりは大きかった。

こうしたなか、一九五七年にアクサイチンと呼ばれる地域に中国側によって道路が建設されていたことが発覚する。カシミール地方の北東部に位置するとして、インドが自国領と認識していた地域だ。一方、中国は東部国境地域がインドによって実効支配されている

ことを問題視していた。この背景には、インドは一九一四年にイギリスとチベットの間で結ばれたシムラ条約にもとづき設定された「マクマホン・ライン」を東部の境界線と見なしていたが、中国は当時も仮署名だけで正式署名を拒み、その後も条約を認めていないという事情があった。インドは同ライン以南の地域を「北東辺境管区（ＮＥＦＡ）」――八七年に「アルナーチャル・プラデーシュ」として州に昇格――として統治していた。

　国境線が未確定だったことで、

現場では印中両国の軍や治安部隊の衝突事案が発生する。事態の解決を図るべく、一九六〇年四月に周恩来が訪印し、ネルーとの直談判に臨んだ。周が提示したのは「パッケージ解決案」と呼ばれ、アクサイチンを中国が、ＮＥＦＡをインドがそれぞれ領有するという妥協策だった。つまり現状をそのまま国境として追認するというわけだ（中国はＮＥＦＡを後に「蔵南」、すなわち「南チベット」として領有権を強く主張するようになるが、この時点ではアクサイチンに比べて位置づけは低かったということになる）。しかし、ネルーはこの提案を拒否する。前年のダライ・ラマ亡命も両国関係に影を落としていた。

国境問題をめぐる印中の対立は、二年半後に戦争勃発というかたちで頂点に達する。一九六二年一〇月二〇日、中国人民解放軍が越境し、侵攻を開始したのだ。中国軍は終始有利に戦闘を進め、ＮＥＦＡ全域を占領し、アッサム州の主要都市テズプール近郊まで迫った。対するインド軍は備えができておらず、各地で後退を強いられた。だが、開戦から一か月余りが経過した一一月二一日、中国は突如一方的に停戦を発表し、軍は撤収した。アクサイチンでは実効支配地域を拡大したが、東部では認めていないはずのマクマホン・ラインまで下がった。東部国境は開戦前から中国軍の越境事案が起きており、インド軍も対抗して「前進政策」と呼ばれる積極行動に出るなど、緊張が高まっていた。インド軍がこれ以上の攻勢に出ない状況を作り出すことが中国のねらいだったと見られる。また、インドが劣勢に置かれる中でアメリカがベンガル湾に空母キティホークを派遣する準備を進めているとの情報がもたらされたことで、戦況が不利になる前に終結させたいという考えもあっただろう。

この戦争に敗北したことで、インドは中国に対する強いトラウマを植え付けられた。一九五〇年代のような、印中が第三世界を導いていく姿は望むべくもなかった。戦争から約一年半後の六四年五月、ネルーは失意のうちに世を去る。印中関係は八〇年代になるまで「冬の時代」がつづくことになる。

対ソ接近に活路を見出したインド

印中国境紛争は、インドにとって安全保障上の重要なパートナーを見出す契機にもなった。前述したとおり、アメリカがインド支援に乗り出す構えを見せてはいたものの、ネルーから要請のあった戦闘機の供与については拒否していた。キューバ危機直後ということも影響していたようだ。

そこで、インドはソ連からの支援に活路を見出そうとした。一九六二年八月の時点で、ソ連はインドにミグ21戦闘機を一二機売却するほか、インドでのライセンス生産についての合意を結んでいた。ソ連では、五六年に共産党第一書記のフルシチョフによるスターリン批判が行われ、翌五七年に毛沢東の訪ソが行われたものの、両国の距離が広がっていった。その後も中ソは対立を強めていき、六九年三月には国境をなすウスリー川のダマンスキー島（中国名は珍宝島）をめぐり両国軍が衝突する事態にまで発展した。こうした背景ゆえに、ソ連側にとっても中国への対抗という観点から、インドを支援するメリットがあったのである。

印ソ首脳間の往来も活発に行われた。とくにインド側からの訪問が目立ち、シャーストリー首相が一九六五年に訪ソしたのにつづき、ネルーの娘で六六年に首相に就任したインディラ・ガンディーは、六六年、六七年、七〇年の三度にわたり、国賓としてソ連を訪問した。ソ連からは、コスイギン首相が六九年に訪印した。インドとソ連の関係は徐々に発展していき、後で述べるように七〇年代に一段高いレベルに達することになる。

パキスタンという「ワイルドカード」

インドとソ連の関係強化を追う前に、ここでインドという国の国際政治での行動を考える上で欠かせない、もうひとつの国を見ていく必要がある。パキスタンである。インドとパキスタンは独立後、三度にわたり戦火を交え、それぞれが核武装するまでに至った。両国の対立は二国間だけにとどまらず、アメリカ、ソ連、そして中国という大国を巻き込んで、アジアの国際政治を形作っていった。

話は前後するが、一九四七年八月一五日にインドが独立する一日前、パキスタンも独立を宣言した。「西パキスタン」（今日のパキスタン）と「東パキスタン」（バングラデシュ）からなる新国家が英領インドから誕生したのである。英領インドのもとではヒンドゥー教徒が多数派であり、イスラム教徒は少数派だった。英植民地政府によるヒンドゥーとムスリムの分断政策で、両者の対立が激化していた。ムハンマド・アリー・ジンナー率いる全インド・ムスリム連盟は当初こそ「統一インド」の枠組みで活動を展開していたが、しだいに別の道を模索するようになる。ヒンドゥーとムスリムは別の民族だとする「二民族論」が提唱され、一九四〇年三月にラホール（現在はパキスタンの都市）で開かれたムスリム連盟の大会では、ムスリム多住地域に独自の国家を作るべしとする「パキスタン決議」が採択されるに至った。

ただ、この決議を通したからといって、ジンナーがムスリム地域の独立主権国家創設を推し進めようとしたわけではなかった。実際、第二次世界大戦終結翌年に英領インドで行われた中央と地方の議会選にムスリム連盟は参加している。また、一九四六年三月にイギリスが提示した連邦案――連邦政府の下にヒンドゥー多住地域とムスリム多住地域の二国家が共存する――について、ジンナーは賛同していた。

だが、ヒンドゥーとムスリムの対立は激しさを増し、一九四六年八月にカルカッタ（現コルカタ）で起きた大規模な暴動では、双方に数千人単位の犠牲者が出る事態にまでなった。これを受けてジンナーはパキスタンの完全独立を求め、イギリス総督のルイス・マウントバッテンは連邦政府案を断念し、英領インドからインドとパキスタンが分離独立する結果となったのである。

インドとパキスタンをめぐっては、こうした経緯もさることながら、分離独立によって大規模な人口移動が生じ、その過程で多くの命が失われた。パキスタンのヒンドゥーはインドへ、インドのムスリムはパキスタンへと向かった（もちろんそれぞれの土地に留まった者も少なくなかった）。その途上で双方の間で衝突が起こり、二〇万とも二〇〇万とも言われる死者を出したのである。生き長らえた者も、多くは到着した先では難民キャンプでの生活を強いられた。

両国政府と国民の対立は、独立から間もない一九四七年一〇月にカシミール地方の帰属をめぐり勃発した第一次印パ戦争によってさらに深刻なものになった。ジャンムー・カシミール藩王国は、ムスリムが多数派を占める一方で藩王はヒンドゥーだった。パキスタン側から民兵が侵入して戦闘が発生すると、その藩王がインドへの帰属を表明した。その後、両国の正規軍も加わり、本格的な戦争に発展したものだ。この戦争は最終的に国連が介入し、四九年一月に停戦が実現した。だが、発端であるカシミール地方は双方が分割統治することになり、今日に至るまで解決を見ておらず、印パ間の最大の懸案でありつづけている。

パキスタンは独立後早い段階から親西側路線をとった。一九五四年に米英仏主導の反共軍事同盟、東南アジア条約機構（ＳＥＡＴＯ）が、翌五五年には中東条約機構（イラク脱退を受けて五九年に「中央条約機構」に改称）が発足したが、パキスタンはいずれでも創設メンバー国となった。アメリカもパキスタンを南アジアでの対中国や共産主義に対する防波堤と位置づけていた。五〇年にリヤーカト・アリー・カーン首相――建国の父ジンナーは独立翌年に病死していた――を国賓として招き、それ以降、軍事および経済支援を提供したのはその表れだった。パキスタンでは五八年にクーデターが起き軍事政権が成立するが、それでもアメリカの姿勢は変わらず、六一年には軍総司令官から大統領になったアユーブ・カーンが訪米し、ケネディ大統領と会談している。

だが、パキスタンは西側一辺倒だったわけではなかった。中国とも良好な関係を築いていたのである。パキスタンは一九五〇年一月に中華人民共和国を承認し、翌五一年五月に両国間で国交が樹立された。六二年の印中国境紛争以降、パキスタンは対中関係強化に乗り出し、翌六三年三月にはカシミールの一部を割譲してまで中国との国境を確定する協定を結んだ。六五年の第二次印パ戦争で中国がパキスタン支援にまわったのも、こうした関係あってのことだった。

米中和解がもたらした「事実上の印ソ同盟」

一九七一年七月、アメリカのヘンリー・キッシンジャー国家安全保障担当大統領補佐官はパキスタンを訪問していた。ところが、その最中に体調を崩し、メディアの前に丸一日姿を見せなかった。実はこれはカモフラージュで、このときキッシンジャーは極秘裏に北京を訪問していたのだった。周恩来と会談し、翌年のニクソン大統領訪中に向けた地ならしをすることが目的だった。米中和解の始まりである。

中ソ対立が深刻化するなか、アメリカには中国と手を結ぶことでソ連との冷戦を有利に運びたいという意図があった。世界に衝撃をもたらした米中和解は、インドにとっても他人事ではなかった。これに、両国と良好な関係にあるパキスタンが加わることで自国を取り巻く安全保障環境がきわめて厳しいものになると考えたからだ。

「米中パ連合」に対抗すべく、インドが選んだのはソ連との関係強化だった。一九七一年八月には印ソ平和友好協力条約が締結された。名称こそ軍事色を感じさせないが、この条約では「いずれか一方が攻撃ないし脅威にさらされた場合、締約国はそうした脅威を取り除き、平和と安全の確保のために適切で効果的な措置を講じるべく、ただちに協議を行う」（第九条）と定められており、軍事同盟的性格を持っていた。「非同盟」の看板こそ下ろさなかったものの、インドは「事実上の印ソ同盟」に舵を切ったのである。

「米中パキスタン」対「ソ印バングラデシュ」

印ソ同盟はさっそく効果を発揮した。一九七一年一二月の第三次印パ戦争だ。この戦争の結果、当時のパキスタンを構成していた東パキスタンがバングラデシュとして独立したことから、「バングラデシュ独立戦争」とも呼ばれている。攻撃を始めたのはパキスタンだったが、インド側はこれを効果的に迎え撃ち、逆に東パキスタンに侵入するほどだった。パキスタン劣勢という状況下で、国連安全保障理事会ではアメリカのジョージ・H・W・ブッシュ国連大使——八九年に大統領になる——が停戦を求める決議案を提出するが、ソ連の拒否権によって否決されてしまった。

東パキスタンだけでなく西パキスタンも戦場になる可能性が現実味を帯びるなか、アメリカは次の手を打った。空母エンタープライズを旗艦とする艦隊「タスクフォース74」をベンガル湾に派遣し、勢いに乗るインド軍を牽制しようとしたのである。これに対し、ソ連はウラジオストクから巡洋艦と駆逐艦からなる艦隊に加え原子力潜水艦まで送り、米艦隊をベンガル湾からインド洋に追い出すことに成功した。

開戦から一三日後の一二月一六日に東パキスタンでパキスタン軍が降伏し、インドの勝利というかたちで戦争は終結した。翌年七月にはインドの避暑地シムラで印パ首脳会談が開かれ、パキスタンのズルフィカル・アリー・ブットー大統領はバングラデシュの独立を受け入れた。こうして、南アジアでは「アメリカ・中国・パキスタン」対「ソ連・インド・バングラデシュ」という構図が成立したのである。

戦争時の連携だけでなく、ソ連はインドに武器の売却も進めていった。インドとしても、西側からの軍事支援はきわめて限定的だった状況下で、ソ連製兵器は自国の防衛にとって不可欠だった。その後、ソ連からロシアへの移行を経て今日までつづく両国の強固な関係は、この一九七〇年代に礎が築かれたのである。

遅れて来た経済自由化

インドは独立後、政治面では議会制民主主義を採用した。識字率が低いインドが果たして選挙などできるのかという疑問は当初からあった。しかし、一九七〇年代後半に一年九か月にわたり非常事態宣言が出され、市民的自由が制限された時期を除き、インドは一貫して三権分立、選挙にもとづく代表者選出と多数党による政権構築、それを支える言論と報道の自由をはじめとする基本的人権の保障を実践してきた。膨大な人口ゆえに「世界最大の民主主義国」を標榜し、いまでは「民主主義の母」と自称しているほどだ。

一方、経済面では「混合経済体制」が採用された。私企業の活動や市場経済を維持しつつ、重工業など主要産業については国有とする計画経済を導入したのである。この背景には、初代首相のネルーが議会制民主主義の枠内で社会変革を指向する「フェビアン社会主義」の信奉者だったことが影響していた。

だが、インド経済は数十年にわたり低迷をつづけた。「ライセンス・ラージ」（ラージは「統治」の意）と呼ばれた許認可制度によって、企業も国民も時間や労力といった膨大な追加コストを強いられた。国内産業を育成する方針が優先されたため、外資の参入には高い障壁が存在した。一九五〇年代から八〇年代末までの四十年で、インドの平均経済成長率は三・五パーセント程度に留まり、一人当たりの成長率に至っては約一・七パーセントでしかなかった。この低成長は、デリー大学教授のラージ・クリシュナによって「ヒンドゥー成長率」と呼ばれたことで広く知られるようになった。

この期間、アジアでは日本が先頭を走り、韓国や台湾、シンガポール、香港が高成長の最中にあった。タイやマレーシア、インドネシアもそれにつづこうとしていた。さらには、中国ですら鄧小平の下で一九七八年に改革開放政策に着手し、深圳をはじめとする経済特区を中心に成果を出し始めていた。

こうしたなか、インドは未曾有の経済危機に襲われる。発端は一九九〇年八月に起きたイラクのクウェート侵攻と翌年の湾岸戦争だった。インドは湾岸諸国に出稼ぎに行っている自国民からの海外送金が外貨収入の大きな柱になっていたが、戦争による経済活動縮小の影響で送金額が著しく減少したのだ。さらに、石油を輸入に依存するインドにとって、石油価格の急騰も大打撃になった。これらの影響でインドの国際収支は急速に悪化し、九一年六月時点では外貨準備が約三週間分しかないという事態にまで陥った。つまり、インドはデフォルト（債務不履行）寸前にまで追い込まれたのである。

インドにとって幸いだったのは、一九九一年六月に行われた総選挙の結果を受けて、第一党となったインド国民会議派が単独政権を発足させていたことだった。ナラシムハ・ラーオ首相の下で、マンモーハン・シン財務相――彼は二〇〇四年に首相に就任する――が経済改革の大鉈《おおなた》を振るったのである。シン財務相は元々デリー大学で教鞭を執っていたエコノミストで、中央銀行であるインド準備銀行（ＲＢＩ）の総裁や経済政策の司令塔である計画委員会副委員長（委員長は首相なので副委員長が実質的トップ）を歴任し、インド経済の問題点を深く認識していた。

シン財務相は大胆な経済自由化に乗り出し、企業の足かせとなっていた規制の撤廃や外資導入に踏み切った。輸出促進をねらい、インドルピーの二〇パーセント切り下げも二段階に分けて行われた。また、世界銀行と国際通貨基金（ＩＭＦ）から緊急融資を取りつけたことで、デフォルトの危機は回避された。なお、このとき日本もインドに緊急支援を行っており、経済危機からの脱却に一役買っている。

「インド版改革開放政策」とも言うべきこの経済自由化政策は、経済危機を乗り越えた後も継続された。インドのGDP成長率は、一九九一年にわずか一・〇六%だったのが、九二年に五・四八%と回復し、九五年には七・五七%と高い水準の伸びを示した。九〇年代に入り経済改革を加速していた中国との差は依然として大きかったものの、インドも二一世紀の高成長に向けた環境整備に取り組んでいたのである。

加えて、九一年末には実質的な同盟国だったソ連が崩壊するという想定外の事態が起こったことで、外交方針を否応なしに再考せざるを得なくなった。そこでインドが採用したのが、「ルック・イースト政策」と名付けられたアジア重視外交だった。この方針のもと、インドと文化的に近く、インド系住民も多い東南アジア諸国をはじめ、日本や韓国とも経済面を中心に関係強化が図られていった。なお、この方針は二〇一四年に発足したモディ政権によって「アクト・イースト政策」と改称され、継続されている。

核保有をめぐるインドのロジック

しかし、一九九八年五月に核実験を行ったことで、インドは国際社会から厳しい批判を招くことになる。インドによる核実験の約半月後には、隣国のパキスタンも核実験に踏み切った。南アジアに一度に二つの核保有国が登場し、かつその両国がそれまで三度にわたり戦火を交えていたという事実に、核兵器使用のハードルが下がるのではないかという懸念が高まった（インドは七四年五月にも核実験を実施しているが、このときは「平和的核爆発」だったと主張した。ちなみに、このときのコードネームは「スマイリング・ブッダ」だった）。

この事態を受けて、国連安全保障理事会は六月に会合を開いた。全会一致で採択された決議一一七二では、印パ両国の核実験を非難するとともに、さらなる実験を自制するよう呼びかけが行われた。さらに、アメリカは両国に対する経済制裁を発動した。人道目的を除くすべての援助停止や防衛関連の資材や技術の輸出停止を含む、厳しい内容だった。日本もこれに追従し、人道目的を除く新規ＯＤＡの供与を停止した。

こうした国際社会の反発は予見されていたはずだが、それでもインドが核実験を行ったのはなぜか。

直接的な要因は、中国とパキスタンに対する脅威認識だった。核実験に際し、当時のアタル・ビハーリー・ヴァジペーイー首相はアメリカのクリントン大統領に書簡を送っていた。この中でヴァジペーイー首相は、名指しこそ避けながらも「一九六二年にインドを武力侵攻した、わが国と国境を接する核保有国」がいるとし、その国との間には「未解決の国境問題を主な理由として、両国の関係には不信感が存在する」と指摘した。さらに、「その国はインドのもうひとつの隣国が秘密裏に核を保有できるよう物資的な支援をおこなっており、これが不信感をさらに悪化させている」とも言及している。インドは過去数年、こうした隣国による安全保障環境の悪化に直面しているがゆえに、核実験に踏み切ったというのだ。

もうひとつの要因は、核不拡散レジームに対する反発だった。インドは核不拡散条約（NPT）に加盟していなかった。一九六八年の条約署名時点で核を保有していた米ソ英仏中の五か国だけを「核保有国」とし、その他の国には核保有を認めず、核の平和利用、つまり原子力発電のみ可能とするとの内容が非核保有国にとって「差別的」と捉えていたためだった。九六年からは、地下を含め基本的にすべての核実験を禁止する包括的核実験禁止条約（CTBT）の署名が始まっているが、これについてもインドは自国の核開発に制約をもたらすという観点から参加していない。

印米急接近と実質的な核容認

核実験によってインドに対する風当たりは強くなったが、アメリカとの間ではこのときの協議が梃子《てこ》となり、印米関係は急接近する。実験後、アメリカは経済制裁を科す一方で、インドとの対話に乗り出した。一九九八年六月から二〇〇〇年九月にかけて、ストローブ・タルボット国務副長官とインドのジャスワント・シン外相が七か国で計一四回に上る会合を重ねた。議題は核問題だけでなく、地域情勢や印米関係全般にも及んだ。

この最中の一九九九年五月にはカシミールのカールギル地区で印パ両軍の衝突（パキスタンがインド側の実効支配地域に侵入）が発生し、事態がエスカレートした場合に核戦争に発展しかねないことが懸念された。パキスタンが「あらゆる兵器」を使う可能性に言及したことを受けて、クリントン大統領は同国のナワーズ・シャリーフ首相に釘を刺す一方で、インドにもタルボットのルートで自制を求めた。この取り組みが功を奏したこともあり、カールギル紛争は三か月弱で終結した。

タルボットとジャスワント・シンの対話は、二〇〇〇年三月のクリントン訪印という成果をもたらした。現職のアメリカ大統領による訪印は、一九七八年一月のカーター大統領以来二二年ぶりだった。『ニューヨーク・タイムズ』はこの時、「クリントン・フィーバー」と題した記事を掲載し、当時は反米感情も根強くあったインドでクリントンが熱狂的に迎えられたことを報じている。

これ以降、印米関係は改善基調が続いた。原動力となったのは、民生用原子力協力だった。アメリカとインドは、二〇〇五年七月のマンモーハン・シン首相訪米時に原子力合意を発表した。アメリカがインドに対して民生面、つまり原子力発電の分野で「全面的な協力」を展開するというもので、そのために核不拡散や機微技術の輸出規制に関する国内法の改正を行うことも示された。インド側は、先進的な原子力技術を持つ国と同等の責任と慣行を遂行するとし、国内の原子力関連施設を軍事用と民生用に分け、後者を国際原子力機関（IAEA）の保障措置の下に置くことにも同意した。

アメリカにとって、この原子力合意は対インド政策だけでなく、核不拡散政策の一大転換だった。NPTにもCTBTにも署名していない一方で核保有国であるというインドと民生面に限るとはいえ原子力協力をすることは、そうした現実を事実上認めることを意味していたからだ。一九九八年のインド核実験を非難し、経済制裁を科していたのがウソのような対応だった。

それでもアメリカが原子力協力推進に舵を切ったのは、膨大な人口を抱えるインドでは今後エネルギー需要が増加すると見て、ビジネスチャンスをいち早くものにしようという経済的な思惑があった。だが、それ以上に重要だったのは、インドを実質的な意味で核不拡散体制に取り込むとともに、南アジアにおけるパートナー、安定勢力として位置づけることだった。インドは、核実験後にさらなる実験を行わないとする「自発的かつ一方的なモラトリアム」と「核の先制不使用」を宣言していた。また、先述した原子力施設の軍民分離に加え、高濃縮ウランやプルトニウムの生産禁止を定める「核兵器用核分裂性物質生産禁止条約」（ＦＭＣＴ。通称「カットオフ条約」）の交渉にも参加したい意向を表明していた。こうした取り組みを見て、アメリカはインドがさらなる核拡散をもたらすことにはならないと判断したのだった。

　インドはアメリカを含め各国と原子力協力を行うに当たり、「原子力供給国グループ（ＮＳＧ）による例外扱い」という高いハードルを越える必要があった。ＮＳＧは一九七四年の一回目のインド核実験を受けて創設された組織で、加盟国が遵守すべき「ＮＳＧガイドライン」を通じて原子力の資機材（核物質や原子炉など）や技術の輸出規制を行っている。ＮＳＧにはＮＰＴに加盟していない国とは原子力分野での貿易を禁じるルールがあった。そこで、インドをこのルールの「例外」にする必要が生じたのだった。この問題を討議した二〇〇八年八月の総会では合意に至らず、インド外相による核不拡散の取り組みに関する説明やアメリカの説得を経て、翌九月にオーストリアのウィーンで開催された臨時総会で全会一致によりインド例外化が承認された。

これを受けて、イギリス、フランス、オーストラリア、カザフスタン、そして日本など主要な原子力関係国がインドと民生用原子力協定を結んだ。こうした一連の「原子力外交」によって、インドの国際的存在感は高まった。ただ、実際の協力はほとんど進んでいない。ネックになっているのは、万一原子力事故が発生した際に補償をどうするかをめぐり、インドと関係国の間で合意に達していないことだ。インドが二〇一〇年に制定した「原子力損害賠償責任法」では、原子力事故の賠償責任を事業者だけでなく原発メーカーにも負わせることが定められている。この規定ゆえに、アメリカの原子力企業もインド市場への参入に二の足を踏む状態がつづいているのである。ただ、こうしたなかでインドと原子力協力を積極的に行っている国がひとつだけある。その国については、第六章で取り上げる。

「BRICS」発足とモディの登場

インドの潜在力に注目したのはアメリカ政府だけではなかった。

二〇〇一年一一月、ゴールドマン・サックスのエコノミストだったジム・オニールが作成した投資家レポートが世界的な注目を集めた。「Building Better Global Economic BRICs」と題したそのレポートでは、ブラジル、ロシア、インド、中国の新興四か国が経済成長の大きな可能性を持っているとして、頭文字を取り「ＢＲＩＣｓ」と呼んだ。購買力平価（ＰＰＰ）ベースでは、二〇〇〇年末時点でＢＲＩＣｓ四か国は世界のＧＤＰの二三・三％を占め、今後十年でさらに成長が拡大することが見込まれた。二〇〇三年一〇月には、「ＢＲＩＣｓと見る夢：二〇五〇年への道」というレポートもゴールドマン・サックスから発表され、順調に進めば今後四十年以内にＢＲＩＣｓ四か国のＧＤＰはＧ６（アメリカ、日本、ドイツ、イギリス、フランス、イタリア）を上回るとの予測も示された。

　このようにＢＲＩＣｓはその経済規模と成長力が期待されるところから始まったが、当の四か国側もこの括りを活用することに意義を見出し、二〇〇九年にロシアのエカテリンブルクで第一回首脳会合が開催された。一一年からは南アフリカが加わって五か国の枠組みとなった。名称も「ＢＲＩＣＳ」と大文字表記になり、新興国を代表するグループとして存在感を強めている。一五年にはＢＲＩＣＳによる「新開発銀行」（ＮＤＢ）が発足したほか、将来の金融危機に対処するためのメカニズムも構築された。

　ＢＲＩＣＳの中で最大の経済力を持つのは中国だが、それに次ぐのがインドだ。二〇〇

○年代以降、インドは高い経済成長を実現している。○四年の総選挙でインド国民会議派が第一党になり、一九九一年の経済自由化への転換を主導したマンモーハン・シンが首相に就任した。多数の政党と連立を組まざるを得なかったので政権運営は容易ではなかったが、○九年の総選挙でも連勝し、二期十年でインドの経済成長を加速させた。○八年九月のリーマン・ショックに端を発する世界金融危機では、企業の国外からの資金調達が困難になったほか、株価下落、貿易の減少といった事態に直面することになった。ただ、当時インドの金融機関はサブプライムローンを組み入れたアメリカの証券化商品をほとんど保有していなかったため、その点での影響は軽微だった。

しかし、二期目のマンモーハン・シン政権では閣僚の汚職疑惑が次々と浮上し、国民の厳しい批判を招くことになった。肝心の経済も、消費者物価指数の上昇率が一○%を超え、景気は冷え込んでいった。第二次政権が発足した翌年に当たる二○一○年に八・五%だったＧＤＰ成長率は、一一年は五・二%、一二年は五・五%と低迷した。中国が○八年にオリンピックを開催し、その後も高成長を維持しているのとは対照的だった。

こうしたなか行われた二○一四年の総選挙では、最大野党・インド人民党（ＢＪＰ）が単独過半数を制し、同党首相候補のナレンドラ・モディを首班とする政権が発足した。モディは「ひとつのインド、卓越したインド」をスローガンに、経済再生を公約に掲げて支持を集めた。モディは〇一年から州首相として西部グジャラート州の経済発展を導いてきた実績があり、その手腕を全国レベルで発揮することが期待されたのである。

モディは首相に就任すると、製造業振興策「メイク・イン・インディア」や三億人を対象とした技能向上スキーム「スキル・インディア」、スマートシティ建設計画といった政策を矢継ぎ早に打ち出していった。二〇一六年一一月に突如実施された高額紙幣廃止のように賛否が分かれた政策もあったが、計画経済の象徴だった計画委員会の廃止（一四年八月）や「物品・サービス税」（GST）導入（一七年七月）、二期目に実現した新労働関連法制といった経済の構造改革も実施した。この結果、政権が発足した一四年成長率は七・四％、翌一五年は八・〇％にまで回復した。

印中新時代にもくすぶる国境問題

インドと中国は二一世紀に入って以来めざましい発展を実現しているが、両国の関係もまた大きな転換を遂げてきた。一九六二年の国境紛争によって冷却化した状態がつづいていた印中関係は、八八年のラジーヴ・ガンディー首相訪中によって改善に向かい始めた。

懸案の国境問題については、九〇年代に越境事案が生じた場合の対応や信頼醸成措置を定めた協定が複数結ばれた。前述のとおり、九八年のインド核実験で中国ファクターが背景にあったことが明らかになり、関係は一時期悪化する。それでも二〇〇三年六月にはヴァジペーイー首相による訪中が実現し、インドによるシッキム編入（一九七五年に王国が消滅し、インドの一州になった）を中国が承認する一方、インドも中国によるチベットへの主権行使を承認した。また、双方が特別代表（インド側は国家安全保障担当補佐官、中国側は外交担当国務委員）を指名し、国境問題について協議を行う新たなメカニズムが設置された。

二〇〇五年四月の温家宝首相訪印時には、「平和と繁栄のための戦略的協力パートナーシップ」の構築が合意されただけでなく、「印中国境問題の解決に向けた政治的パラメーターと指導原則に関する協定」が新たに結ばれた。同協定は、両国間の国境問題について「平和的かつ友好的な協議によって解決すべき」であり、「いかなるかたちであっても武力の行使またはその威嚇をするべきではない」という過去の合意文書にも盛り込まれた原則に触れた上で、問題解決に当たっては双方の戦略的利益を尊重するとともに、国境地域における定住人口の正当な利益を守るべきであるとの考えが示された。最後の部分は、インドのアルナーチャル・プラデーシュ州（かつてのＮＥＦＡ）のように多数の住民がいる地域では現状を変更しないものと受け止められ、双方が現実的な解決策を追求しようとしていると考えられた。

国境問題解決に向けた前向きな姿勢に加え、先述したBRICSでの協力もあり、印中は一九五〇年代の友好関係を取り戻したかに見えた。だが、実際には国境問題をめぐる隔たりは大きかった。中国の拡張主義的な傾向は日本の尖閣諸島や南沙諸島の領有権主張だけにとどまらず、インドとの国境問題でも徐々に強さを増していった。二〇〇八年以降、中国側からの越境事案が改めてクローズアップされるようになった。先述したように、印中国境はすべての区域で未確定のままで、「実効支配ライン」（LAC）が暫定的な境界線となっている。とはいえこのLACも双方の主張が食い違う部分があり、両軍がそれぞれの認識にもとづいてパトロール活動を行った結果、相手側の地域に入ってしまうことは過去にもあった。この場合は意図的ではなく、偶発的な越境をエスカレートさせないための措置も存在している。

問題視されたのは、中国側が意図的に越境しているのではないかという事案が発生し、中にはインド軍と長期にわたり対峙するケースも出てきたことだった。それがもっとも激しいかたちで顕在化したのが、二〇二〇年五月に西部国境地域で発生した対峙事案だった。

インド側はラダック連邦直轄領の東部、中国側はチベット自治区の西部に位置するガルワーン渓谷で印中両軍がにらみ合う事態がつづいた後、六月一五日には武力衝突に発展した。銃の使用を禁止する規定があるため、双方は投石や素手での殴り合い、さらには無数の釘を打ち付けて殺傷力を増した棍棒で戦った。この結果、インド側に二〇人、中国側に四人の死者が出た。印中国境の衝突で犠牲者が発生するのは、四十五年ぶりのことだった。事態を鎮静化するべく両国の軍や外交ルートで協議が行われ、一部では部隊の引き離しが実現した。だが、完全撤収にはなお時間を要し、二〇二一年二月になってようやく概ね完了した。

「政冷経熱」の印中

モディ首相は二〇一五年五月と一八年四月に訪中し、習近平国家主席も一四年九月と一九年一〇月に訪印し、その度に関係を発展させることで一致してきた。特に一四年の訪問では、モディ首相が習近平主席を地元グジャラート州に招き、二人が伝統的な造りのブランコに座って語り合うさまは、首脳間の親密さを印象づけた。ＢＲＩＣＳやＧ20等の国際会議の際にも、両首脳は会談を重ねてきた。しかし、国境問題が両国の関係に影を落とす状態は変わらず、事態はむしろ悪化する方向へと進んでいった。

ただ、このように二国間の対立が顕在化する一方で、国際問題では印中が共闘するケースもある。気候変動への対処はそのひとつだ。二〇二一年一一月にイギリス・グラスゴーで開かれた国連気候変動枠組み条約第二六回締約国会議（ＣＯＰ26）では、石炭火力発電を将来的に「段階的に廃止」（phase-out）する内容が成果文書に盛り込まれようとしていた。ところが、石炭火力への依存度が高い印中が反対し、「段階的に削減」（phasedown）というトーンダウンした表現で決着したという経緯があった。

経済的なつながりの太さもある。インドにとって中国は最大の貿易相手国のひとつでありつづけている。二〇一九年度の輸入額では中国は第一位、輸出額でもアメリカ、アラブ首長国連邦（ＵＡＥ）に次いで第三位だった。二〇年の国境衝突事案で政治面では関係が冷え込んだが、二一年度でも輸入・輸出ともに順位に変化はなかった。貿易総額としては、二〇年度で中国は第二位だった。ただ、総額で第一位のアメリカとの大きな違いは、大幅な貿易赤字を出していることである。二〇年度の対中貿易は、輸入が九四五・七億ドルなのに対し、輸出は二一二・六億ドルに留まり、赤字額は約七三三・一億ドルにも上った。この傾向は以前からつづいており、インドにとっては実質的に対中自由貿易協定を意味した「地域的な包括的経済連携」（ＲＣＥＰ）をめぐり土壇場で交渉から離脱した際の判断材料でもあった。とはいえ、インド経済の中で中国は大きな存在を占めており、「政冷経熱」の状態となっている。

人口インパクトで台頭するインド

　二〇二二年は、インドの台頭を世界に強く印象づける一年になった。

　七月一一日、国連は「世界人口推計２０２２」を発表した。報告書では、二〇二二年時点では中国が一四億二六〇〇万人で世界第一位、インドは一四億一七〇〇万人で第二位だが、翌二三年にはインドが中国を追い抜いて世界最大の人口大国になるとの予想が示されたのだ。両国の逆転は時間の問題ではあった。だが、数年前の時点ではそれが起きるのは二〇二〇年代後半と見られていたのが、中国で少子高齢化が進む一方、インドでは増加がつづいていることで、実現が早まった。インドの人口増はその後もつづき、三〇年になると一五億一五〇〇万人にも達するという。

　人口が世界一位になったからといって突然変化が起きるわけではないし、手放しで喜べる状況でもない。毎月一〇〇万人とも言われる若者が労働市場に参入するなかで、十分な雇用を供給できるかという問題がある。また、インド工科大学（ＩＩＴ）を卒業するような理系人材が国内外から注目される一方で、国民の約四分の一が文字を読めない現実（二〇一一年の識字率は七四・〇四％）もある。

　とはいえ、人口増だけでなく経済規模も年々拡大していることは大きな強みだ。一〇月中旬にＩＭＦが発表した二〇二二年のＧＤＰ予想で、インドがイギリスを抜いて世界第五位に躍り出た。翌一〇月下旬にはイギリスでインド系のリシ・スナクが、辞意を表明したリズ・トラスの後任として首相に就任したこととも相まって、かつての植民地と宗主国の関係が逆転したことを印象づけた。

　一人当たりＧＤＰで見た場合、インドは二二五六・六ドルにとどまっている（二〇二一年。データは世界銀行のもの。以下同）。中国（一万二五五六・三ドル）の五分の一以下で、スリランカ（四〇一三・七ドル）やバングラデシュ（二四五七・九ドル）といった南アジアの国をも下回っている。それでも中間層の拡大によってインドの市場としての価値は高まる一方だ。象徴的なのは自動車販売で、インド自動車工業会（ＳＩＡＭ）の発表によると二二年の新車販売台数は四七二万台（前年比二五・七％増）となり、日本を抜いて世界第三位に躍り出た。一位の中国（二六八六万台）や二位のアメリカ（一三八九万台）との差は大きいものの、成長のスピードからも人口規模からも、世界でもっとも高いポテンシャルを持つ市場と言える。

二〇四七年までの先進国入り

さらに、一二月一日にインドはG20の議長国に就任した。筆者は二〇二二年末にインドを訪れたが、首都デリーの街中や空港で議長国就任をアピールするポスターやオブジェが目に入った。「大きな責任、さらに大きな夢　インドはG20議長国として新たなアイデアと結束した行動を加速する」というスローガンに、モディ首相の写真を付したバナー。「G20」のゼロを地球に見立て、それを国花である蓮の花が支えるというロゴマークは、「これからの世界を支えるのはインドだ」という意気込みを示しているかに映った。日本の研究者仲間がオンライン出演したインドのあるニュース討論番組では、「世界はインドが誘う道を歩んでいく」という、少々大げさなテロップすら表示されていたほどだった。

これらを背景に、モディ首相はさらに野心的な目標を掲げた――二〇四七年、すなわち独立百周年までの先進国入りである。八月一五日の独立記念日演説で、モディ首相はかつてムガル皇帝の居城だったラール・キラー（レッド・フォート）から国民にこう呼びかけた。

「若者たちに呼びかけたい。独立百周年となる二〇四七年、（筆者注：いま二五歳であれば）みなさんは五〇歳になっている。そのときまでにインドを先進国にするという誓いをしてほしい。われわれが誓いをするとき、それは本当に実現させることを意味するのだ」

一方の中国は、建国百周年を迎える二〇四九年までにさらなる強国化を目指している。二一年七月一日に北京の天安門広場で行われた中国共産党創立百周年式典で、習近平国家主席は「小康社会」（まずまずゆとりのある社会）を建設するという目標はすでに達成しており、次なる目標である「社会主義現代化強国」の完成を必ずや実現させると宣言した。

インドと中国がそれぞれの目標を達成できるか否かは別としても、二一世紀半ばには世界の中で両国の存在感がこれまで以上に大きくなっていることは間違いない。そして印中関係のダイナミズムは、両国は言うに及ばず、陸ではユーラシア、海ではインド太平洋にまで死活的に重要な影響を及ぼしていくだろう。そして、アメリカや日本も加わりながら、優位性をめぐる熾烈な競争がすでに始まっている。次章では、その契機となった中国の壮大な構想について注目していくことにしたい。

コラム① 「インドのマキャヴェリ」が説くマンダラ外交

カウティリヤという、古代インドの人物をご存じだろうか。紀元前四世紀末にチャンドラグプタ王がナンダ朝を倒し、インド史上初の統一王朝となったマウリヤ朝を興した際に、宰相として活躍した政治家だ。「チャーナキャ」や「ヴィシュヌグプタ」の名でも知られている。

そのカウティリヤが著したとされるのが、『実利論（アルタシャーストラ）』という国家統治の要諦を論じた書だ（異説もある）。そこではリアリズムにもとづいた冷徹な主張が展開されており、マックス・ウェーバーは『職業としての政治』の中で、「カウティリヤの『実利論』に比べれば、マキャヴェリの『君主論』は無害なものだ」と評しているほどだ。カウティリヤは「インドのマキャヴェリ」としばしば呼ばれるが、このウェーバーの指摘や時代的にもカウティリヤが先であることを考えると、マキャヴェリを「イタリアのカウティリヤ」と呼んだほうが相応しいかもしれない。

『実利論』では、興味深い外交論が展開されている。自国にとって直接境界を接する隣国は基本的に「敵対者」であるが、その隣国の隣国は友邦になり得る国、その隣国は敵対者……という具合に同心円状に広がっていく、というものだ。これが輪円のようであることから、「マンダラ外交論」と呼ばれる。

つまるところ、これは「敵の敵は味方」と言っているにすぎないのではないか、と見る向きもあるかもしれない。だが、マンダラ外交論を興味深くしているのは、「中間国」と「中立国」の存在だ。前者は自国と敵対的な隣国の双方に接する国、後者は自国にも隣国にも接しない国である。自国が隣国と敵対する状況下では、この中間国と中立国との関係を効果的に活用することが重要であるとして、さまざまなケースに分けて対処策が示されている。

そしてこのマンダラの中で、「和平」、「戦争」、「静止」、「進軍」、「依投」、「二重政策」という「六計」を状況に応じて繰り出していくとしている。補足すると、「静止」とは「自国から動かずに静観すること」、「依投」とは「他に寄る辺を求めること」、「二重政策」とは「和平と戦争を臨機応変に採用すること」であると説明されている。また、諜報活動についても論じられており、インテリジェンスの重要性が説かれている。

インドでは、『実利論』のこうした戦略論を現代の外交分析に活かそうとする取り組みが盛んになっている。インドの国防省系シンクタンク「インド防衛問題研究所」（IDSA）は二〇一三年一〇月に「インド外交とアルタシャーストラ」をテーマにしたセミナーを開催した。このときマンモーハン・シン政権で国家安全保障担当補佐官をしていた外交官出身のシヴシャンカール・メノンは基調講演で、「『実利論』はインドの戦略文化や一般のインド人が戦略問題を考える際に中核をなすものだ」と指摘していた。メノンは翌年に開催された第二回セミナーでも「『実利論』は不安定で予測困難な環境の中でいかにして政治的、経済的発展を達成するかについてのテキストだ」と語っている。

実際、マンダラ外交論を通してインドをめぐる地域環境を見ると、腑に落ちるところが少なくない。インドと国境を接するパキスタンや中国を「敵対者」と位置づければ、東方の日本や韓国との関係改善を推進したり、パキスタンの隣国であるアフガニスタンにタリバーン政権が復活するまでは支援を行ったりしたのも、納得がいく。一九七一年の第三次印パ戦争で東パキスタンをバングラデシュとして独立させたことも、敵対者の力を削いだという点でインドにとっては戦略的に大きな意味を持っていた。「中間国」として位置づけられるのはASEANになるだろう。インドがインド太平洋構想について語る際、ＡＳＥＡＮの中心性を重視し、自陣営に取り込もうとすることもこの捉え方から説明できるのではないだろうか。「中立国」は湾岸諸国やアフリカ、南太平洋諸国が当てはまりそうだ。

Ｓ・ジャイシャンカル外相が著書『インド外交の流儀』で、「フレンド（友好国）」でもあり「エネミー（敵国）」でもある「フレネミー」に対処していく必要性に言及しているように、現代世界では「敵か味方か」という単純な二分法が通用するわけではない。とはいえ、『実利論』がきわめて多くの示唆を与えてくれることは間違いない。インドは『実利論』の内容をベースにして、いままさに「マンダラ外交論２・０」を構築しようとしているのかもしれない。

第二章　増殖する「一帯一路」——中国のユーラシア戦略

それは習近平のアルマトイ演説からはじまった

二一世紀に入り、中国は国力を急速に高めていった。高度経済成長により都市部を中心に国民生活は豊かになり、二〇〇八年には北京五輪を、一〇年には上海万博を開催した。国防費も右肩上がりで、アメリカへのキャッチアップを図ろうとしている。

中国はこうした「力」を用いて、近隣諸国、さらにはユーラシアやアフリカ、そして海洋でも影響力を発揮するようになった。それは、「シルクロード」という古《いにしえ》の通商路の名を冠し、往時の、いやそれ以上の繁栄のネットワークを自国中心というかたちで作り上げようとするものである。

二〇一三年九月七日、カザフスタン最大都市のアルマトイ。同国訪問中の中国国家主席・習近平は、ナザルバエフ大学で行った演説で「シルクロード経済ベルト」という新たな構想を提唱した。「ユーラシア各国の経済的連携をさらに緊密にし、相互協力をさらに深め、発展の空間をさらに広げていくために、われわれは新たな協力モデルを用いて『シルクロード経済ベルト』を共同で建設していくことができる」と述べたのである。

道路インフラの強化については、「太平洋からバルト海」をつなぐ構想に言及し、東アジア、西アジア、南アジアを結ぶ交通運輸ネットワークを構築することで、各国の経済発展と人的往来を促進するとした。この他、政策面での意思疎通や貿易の活性化、通貨流通の拡大、民間交流の推進といったテーマについても触れられた。

この時点では「一帯一路」というフレーズはまだ登場していない。習主席は九月一三日にキルギスのビシュケクで開かれた上海協力機構（ＳＣＯ）首脳会合で演説を行った際、加盟国が協力を強化すべき分野のひとつとして「現実的協力の着実な発展」を挙げた。そこでは、ＳＣＯ加盟国六か国とオブザーバー五か国はいずれもかつてのシルクロードのルートに位置していると指摘した上で、シルクロードの精神を継承・発展させていく責任があるとし、交通・物流、貿易・投資、金融、エネルギー、食糧安全保障といった分野の協力に言及した。

直後の一〇月三日には、もうひとつの「シルクロード」構想が提唱された。習主席は、バリ島で開催されるアジア太平洋経済協力（ＡＰＥＣ）首脳会議出席に先立ち、ジャカルタのインドネシア国会で「手を携えて中国・ＡＳＥＡＮ運命共同体を建設しよう」と題した演説を行った。演説後半の「特に力を入れるべきいくつかの分野」について言及したくだりの二番目で、習主席はこう述べていた。「東南アジア地域は古来より『海上シルクロード』の要である。中国はＡＳＥＡＮ諸国とともに海洋での協力を強化し、中国政府が設立した『中国・ＡＳＥＡＮ海上協力基金』を活用して海洋協力のパートナーシップを発展させ、『二一世紀海上シルクロード』を共に建設していきたいと願っている」

二つのシルクロード構想がセットで示されたのは、同年一〇月二四日と二五日に開かれた周辺国外交工作座談会の場だった。習主席の演説で「関係国とともに、インフラとコネクティビティ（筆者注：交通網の構築を通じた連結性）の整備を加速し、シルクロード経済ベルトと二一世紀海上シルクロードの建設を進めていく」と言及されたのである。一一月一二日の中国共産党第一八期三中全会で採択された「改革の全面的深化に関する若干の重大問題についての決定」にも、「シルクロード経済ベルトと海上シルクロードの建設を推進する」と記されていた。ただ、これは「開放型経済新体制の構築」の文脈の最後で言及されたにすぎず、国家の重要な発展戦略としての位置づけにはなっていない。

ベールを脱いだ「一帯一路」

二〇一四年に入ると、「一帯一路」構想の輪郭が見え始めてくる。

一月一七日、習近平主席は中国・湾岸アラブ諸国協力委員会の第三回戦略対話のため訪中した湾岸協力会議（ＧＣＣ）代表団と会見した。席上、習主席はＧＣＣ側と協力して二つのシルクロードの建設を推進していきたい、と語った。GCCはサウジアラビア、アラブ首長国連邦（UAE）、カタールなど湾岸六か国が加盟する地域協力機構である。その代表団に対してこうした発言をするのは、湾岸地域も両構想の地理的範囲に含まれることを意味していた。これに対しGCCからは、議長国クウェートのサバーハ外相兼第一副首相より、加盟各国は両構想の実現に積極的に参加していきたいとの回答があったという。

ヨーロッパもシルクロード構想の視野に入っていることも示された。習主席が四月一日にベルギー・ブルッへの欧州大学院大学で行った演説で、「ユーラシア大市場」の構築を目標に掲げ、中国・ヨーロッパ協力とシルクロード経済ベルトの結合について積極的に検討していく必要があると述べた。シルクロード構想が、アジアだけでなく、中東やヨーロッパをも含む壮大なプロジェクトであることが明らかになってきたのである。

「一帯一路」とは、「シルクロード経済ベルト（帯）」と「二一世紀海上シルクロード（路）」を指す言葉だが、中国がこの表現を初めて用いたのは、この年の二月六日に行われた中露首脳会談に関する『人民日報』の記事だった。習主席が二つのシルクロード構想に言及したのを受けたプーチン大統領の発言というかたちで、「ロシアはシベリア鉄道と『一帯一路』を連結させ、さらに大きな効果を生み出したい」と報じられたのである。これはプーチン大統領自身が「一帯一路」という表現を用いたというよりは、記事の中でそう表記されたものと思われるが、これ以降、「一帯一路」が盛んに登場するようになる。なお、「一帯一路」は英文では当初、“One Belt, One Road”（ＯＢＯＲ）と表記されていたが、その後“Belt and Road Initiative”（ＢＲＩ）に変更された。

この年は中国がＡＰＥＣ議長国であり、一一月に北京で首脳会議はじめ関係会合が開かれた。そのひとつであるＡＰＥＣビジネスリーダーサミットの開幕式での演説という場で、習主席は「中国は各国とともに『一帯一路』建設を推進し、地域協力のプロセスにさらに深く関与していきたい」と述べた。各国首脳が参加する非公式首脳会議での開会および閉会の挨拶ではインフラ整備やコネクティビティについて取り上げる一方で「一帯一路」については言及がなかった。なぜ首脳会議ではなくビジネス会合の場を選んだのか。ひとつの要因としては、この時点では構想がまだ形成の途上で、各国の反応を見きわめたいという意図があったのかもしれない。

二〇一五年は、「一帯一路」が「構想」から「実行」の段階に入った一年になった。

三月五日、国務院総理（首相）の李克強が政府活動報告で、「一帯一路」建設と地域の開発および開放を結合させ、「新ユーラシア・ランドブリッジ」（後述）および陸海の交易拠点の建設を強化することを一五年に取り組む政策として掲げた。これに先立ち、二月一日には「一帯一路」建設工作会議が北京で開かれ、国家「一帯一路」建設工作推進指導小組が設置されたことが明らかとなった。この組織のトップには国務院筆頭副総理の張高麗が就き（一八年からは国務院筆頭副総理の韓正）、副総理の汪洋や外交担当国務委員の楊潔篪、党中央政策研究室主任の王滬寧らが副組長として加わっており、「一帯一路」をハイレベルで推進していく態勢が整えられていった。

さらに、三月二八日には国家発展改革委員会、外務省、商務省の共同文書というかたちで「シルクロード経済ベルトおよび二一世紀海上シルクロードの共同建設推進に関する展望と行動」と題した白書が発表された。白書では、「一帯一路」はユーラシアおよびアフリカ大陸（アフロ・ユーラシア大陸）、付近の海洋におけるネットワークを構築し、コネクティビティとパートナーシップを強化し、沿線各国の「多元的、自主的で、バランスがとれ、持続可能な発展」を実現するものと位置づけた。また、「一帯一路」の建設は中国の対外開放のニーズを拡大・深化するものだけでなく、関係国および世界各国との相互利益と協力を進めるニーズを強化するものとの言及もあった。その上で、中国政府は「全方位で現実的な協力を推進し、政治的相互信頼、経済的融合、文化的寛容のある利益共同体、

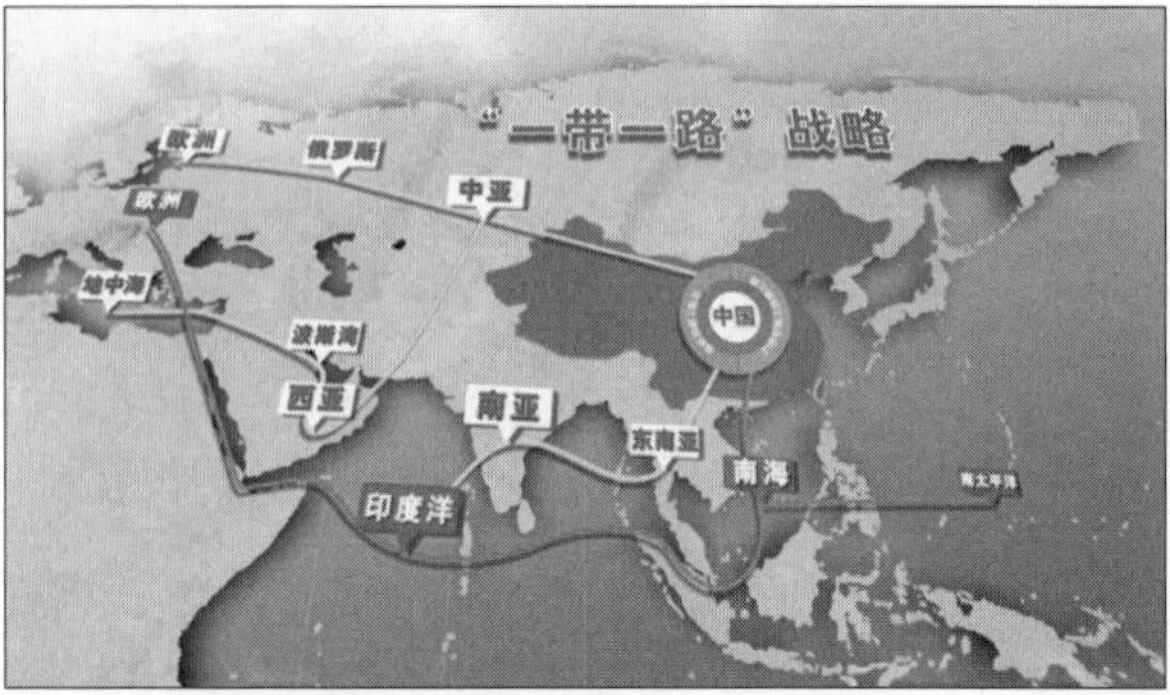

「一帯一路」を報じる中国紙に付されたイメージ地図

出所）『中國日報』web版『CHINADAILY.COM.CN』
https://china.chinadaily.com.cn/theory/2017-04/26/content_29094025.htm

運命共同体、責任共同体の構築を提唱する」とした。

「一帯一路」の地理的範囲については、ユーラシアおよびアフリカ大陸を貫くもので、一方に活力あふれる東アジア経済圏、もう一方に先進的なヨーロッパ経済圏があり、その間には巨大な経済発展のポテンシャルを持つ広大な地域があるとした。シルクロード経済ベルトでは、①中国から中央アジアとロシアを経由してヨーロッパ（バルト海）に至るルート、②中国から中央アジアと西アジアを経由してペルシャ湾や地中海に至るルート、③中国から東南アジアと南アジアを経由してインド洋に至るルートが重要項目と位置づけられた。二一世紀海上シルクロードのほうは、①中国沿岸部の港から南シナ海を経てインド洋に至り、さらにはヨーロッパにまで延伸する、②中国沿岸部の港から南シナ海を経て南太平洋に至るという二つの方向が示された。なお、中国はさらに北極海を通る「氷上のシルクロード」構想も提唱している。「二一世紀海上シルクロード」が南から、「氷上のシルクロード」が北から、ユーラシアを囲むように延びようとしている。

「一帯一路」の下で具体的に如何なる協力を図るかについては、インフラの相互連結が「優先領域」とされた。なかでも交通インフラに関し、陸上では国際的な運輸を改善し、海上では物流や情報化で協力を加速させていくとした。また、エネルギーインフラの協力も強化し、石油・天然ガスパイプラインの安全確保や国境を跨ぐ送電網の建設にも取り組んでいくとした。こうした環境整備だけでなく、貿易・投資の促進と円滑化、農林・牧畜・漁業面での協力、工業面での競争力向上、サービス業の発展、金融面や科学技術での協力、人的交流の推進と、「一帯一路」が幅広い経済分野をカバーするものであることが明らかになった。なお、「感染症の状況について周辺国との情報共有を強化していく」との言及もあるが、その後中国で発生した新型コロナウイルスの感染状況をめぐる同国政府の情報提供を見ると、どこまで実行に移されたのか、疑問を感じずにはいられない。

中国の強国化と「一帯一路」の登場

二〇一三年から一五年にかけて中国は「一帯一路」構想の具体化を進めていったが、その背景には二一世紀に入ってからの自国の急速な台頭があった。

経済的には高度成長がつづき、二〇〇一年一二月に世界貿易機関（ＷＴＯ）に加盟してからはその流れがさらに加速した。〇八年の北京五輪や一〇年の上海万博といった大型イベントを開催したことも、国際社会における中国の存在感を高めた。〇〇年時点では日本の四分の一に満たなかった中国のＧＤＰは、一〇年になると日本を抜き、世界第二位の経済大国となった（なお、二〇年の中国のＧＤＰは日本の三倍近くに達している）。

アメリカではオバマ政権期に「米中Ｇ２論」が提起され、中国に「責任あるステークホルダー」として国際秩序の維持に関わることを求めた。中国側はこれを受け入れなかったが、代わりに「新型大国関係」というよく似たコンセプトをアメリカに提示してきた。これは、「対抗せず衝突を回避する」、「核心的利益の相互尊重」、「協力を通じたウィン・ウィンの関係の構築」を意味していた。習近平は国家副主席時代の二〇一一年八月、訪中したバイデン副大統領との会談でこの「新型大国関係」に言及し、国家主席として訪米した一三年六月、オバマ大統領との初会談でもあらためてこれを提起した。

中国では、江沢民政権以来、鄧小平が提起したとされる「韜光養晦《とうこうようかい》」――能力を誇示せず、控えめに振る舞い、チャンスの到来を待つ――を対外政策の基本方針としてきた。胡錦濤政権になってからも、国力の増大に伴って積極的な外交姿勢を求める議論もあったが、基本的に「韜光養晦」は維持された。二〇〇三年には、中国の台頭は世界にとって有利であり、軍事的衝突は望んでいないとする「和平崛起（台頭）」が提起されたことがあった。ところがかえって「中国脅威論」を高める結果をもたらしたことから、「和平発展」という表現に変わったのだが、この経緯も当時の中国が国際社会から警戒感を持たれることに敏感だったことを示すものだった。

しかし習近平政権が発足すると「韜光養晦」は終わりを告げ、強国としての積極姿勢を前面に出す外交方針が鮮明になっていく。共産党総書記に就任してから二週間後の二〇一二年一一月二九日の時点で、習近平は「『中華民族の偉大な復興』の実現が近代以降の中華民族にとってもっとも偉大な夢だ」とする「中国の夢」に言及した。訪米時に行われた「新型大国関係」の提起も、大国意識の高まりに裏打ちされたものだ。これらを経た後に「一帯一路」が登場したことからは、巨大経済圏の構築を通じて自国の影響力をユーラシアやインド洋、アフリカといった幅広い範囲に拡大させ、大国としての地位をより強固にしたいという意図がうかがえる。

なお、「新型大国関係」を提起した中国だったが、アメリカの方針転換によって目論見どおりには進まなくなる。二〇一七年一月に発足したアメリカのトランプ政権は、オバマ政権の「関与政策」を放棄し、対中強硬姿勢に転じたのである。貿易摩擦に加え、台湾や香港情勢、さらには二〇年からの新型コロナウイルスの感染拡大など数々の争点が浮上し、米中は対立を深めていった。一八年一〇月にマイク・ペンス副大統領がワシントンのハドソン研究所で行った演説では、貿易障壁、知財や技術移転の問題を列挙して、対中批判が強烈に展開された。二一年一月のバイデン政権発足後もアメリカは対中強硬姿勢を維持しており、次章で取り上げる「自由で開かれたインド太平洋」構想や日米豪印「クアッド」推進につながっている。

ヨーロッパとのコネクティビティ強化

「一帯一路」は中国からアジア周辺国を経てその先の地域にまで至る壮大な経済圏構想だが、個々のプロジェクトの中には二〇一三年の習近平演説以前に着手されていたものも少なくない。

そのひとつが「中欧班列」（トランスユーラシア・ロジスティクス）だ。中国とヨーロッパを結ぶ貨物列車で、物流の円滑化・迅速化という経済的メリットに加え、ユーラシアをつなぐという象徴的な意味合いも大きい。中国政府の広報サイト「中国一帯一路網」のトップページには「専題」（特集）として「習近平と一帯一路」、「中欧班列」、「中国パキスタン経済回廊」の三つが掲載されており、「一帯一路」の中核として位置づけられている。

中欧班列は多数の貨物鉄道輸送からなっている。その嚆矢《こうし》となったのは二〇一一年三月一九日に運行が始まった、中国の重慶とドイツ西部の工業都市デュースブルクを結ぶ「渝新欧」である（「渝」は重慶を表す字）。中国国内からモンゴル縦貫鉄道とシベリア鉄道を通り、ベラルーシ、ポーランドを経てドイツに至る全長一万一一七九キロメートルのルート（通称「ユーラシア・ランドブリッジ」）で、所要日数は一六日間となっている。

その後、翌一二年一〇月に武漢～チェコを結ぶ「漢新欧」が、一三年には成都～ポーランド・ウッチ（蓉欧快線）、鄭州～ドイツ・ハンブルク（鄭欧班列）、東莞～ロシア・モスクワ（粤新欧）など、新規ルートが次々に開設されていった。鉄道自体も、シベリア鉄道を経由せず、中国の連雲港から新疆ウイグル自治区、中央アジア・西アジア諸国を経由してヨーロッパに至る「新ユーラシア・ランドブリッジ」も整備された。二二年末の時点で定期運行が行われているルートが一三あり、不定期運行も含めると一七三にも達する。一一年から一三年までは中国からヨーロッパへの往路輸送のみだったが、一四年以降はヨーロッパからも中国向け貨物の運行が始まった。往路と復路を合わせた総運行本数は、一一年に一七本だったのが、一五年に八一五本、二〇年には一万二四〇六本に達している。中国各都市とヨーロッパ二三か国一八〇都市が中欧班列によって結ばれ、一大貨物ネットワークが形成されているのである。

中欧班列で中国から運ばれる主な積荷は、ノートパソコンやスマートフォンをはじめとする電子機器、機械設備、自動車および関連部品、衣料品という。「海上輸送より速く、航空輸送より安い」というのが中欧班列のセールスポイントだが、実際にはどうなのか。中国北東部・黒竜江省大慶の工場からヨーロッパ市場向けに出荷される自動車（ボルボ）のケースを見てみよう。自動車輸送を扱う中国の物流大手に聞き取り調査を行った法政大学の李瑞雪によると、大慶工場からは年間二万〜三万台の完成車がヨーロッパに輸出されているが、二〇一七年六月に輸送を中欧班列に切り替えたという。これによる所要日数は約一八日間で、それまで利用していた大連港からの海上輸送と比べて一〇から一五日短縮された。また、豊富な便数を持つ中欧班列を利用することで適切な在庫管理が可能になるほか、ヨーロッパからの復路に関連部品を乗せることができる。輸送コストは海上輸送と「ほぼ同水準」で、ボルボは「多大なメリットを享受している」と評価されている（李二〇一八）。

ヨーロッパへの物資輸送に中欧班列を利用しているのは、中国企業だけではない。電子機器受託生産で世界最大手の台湾企業、鴻海精密工業（フォックスコン・テクノロジー）も製品輸送に中欧班列を用いている。

物流大手の日本通運は、二〇一五年一一月から中欧班列によるサービス提供を開始した。一八年五月には、東京や横浜、神戸など日本の主要港から貨物をコンテナに積み、中国の大連まで船で輸送し、そこから中欧班列でドイツのデュースブルクまで輸送するサービスを開始したと発表した。日本からヨーロッパまでコンテナの積み替えなしで輸送が可能となり、それまで船便で四十日かかっていたリードタイムは最短で二十八日にまで短縮できるという。

日通はさらに、二二年四月から「カスピ海ルート」による複合輸送サービスも始めた。西安など中国各都市からカザフスタンのアクタウまでは鉄道、船でカスピ海を渡った後にアゼルバイジャンとトルコは鉄道で輸送するというものだ。イスタンブールからはヨーロッパ各地まで鉄道もしくはトラックを利用するという。このルートだとロシアを経由する必要がなく、ウクライナ侵攻以降の地政学リスクを回避することが可能になっている。

「アジアインフラ投資銀行」と「シルクロード基金」

「一帯一路」には、新ユーラシア・ランドブリッジのほか、中国・パキスタン経済回廊（ＣＰＥＣ）や中国・モンゴル・ロシア経済回廊をはじめとする大規模インフラ整備プロジェクトが含まれているが、そのための資金調達はどうなっているのだろうか。

「二一世紀海上シルクロード」を提唱した習近平のインドネシア国会演説では、もうひとつ重要な提案が盛り込まれていた。「アジアインフラ投資銀行」（ＡＩＩＢ）の設立である。「ＡＳＥＡＮ加盟国を含むこの地域（筆者注：アジア）の発展途上国がインフラとコネクティビティの建設を展開するのを支援していく」ことが目的とされた。

　アジアを対象とした開発金融機関としては、一九六六年に設立されたアジア開発銀行（ＡＤＢ）がよく知られている。加盟国はアジア域外の国も含め六八か国に上る。ＡＤＢで主要な役割を担っているのは日本とアメリカで、出資率はともに一五・六％だ（二〇二一年末時点。以下同）。歴代総裁はこれまですべて日本の大蔵省・財務省ないし日銀出身者で占められており、後に日銀総裁になる黒田東彦も二〇〇五年から一三年まで、八年にわたり総裁を務めた。

中国は一九八六年にＡＤＢに加盟し、数々のインフラ整備プロジェクトへの融資で恩恵を被ってきた。出資率は六・四％と、三番目に高い（第四位は六・三％のインド）。とはいえ、ＡＤＢでは融資を受ける立場であり、日米がガバナンスの主導権を握る状況下では独自性は発揮しにくい。そこで、自らのイニシアチブによる新たな開発銀行として、ＡＩＩＢ創設が提起されたのだった。

習近平演説の翌一四年一〇月二四日に二一か国がＡＩＩＢ設立に関する覚書に署名し、一五年一二月二五日に「協定書」の発効によって正式に発足した。創設時点での加盟国は、アジア太平洋諸国が三四、域外国がヨーロッパを中心に二三で、合計五七か国に上った。日米はガバナンスが不透明だとして参加を見送る一方、インドは創設メンバーとして加わった。一五三一億ドルのＡＤＢには劣るものの、ＡＩＩＢの資本金は発足時点で一〇〇〇億ドルに達した。

ＡＤＢが二〇一七年二月に発表した報告書では、一六年から三〇年までにアジアで二六兆ドルものインフラ需要が生じるとの見通しが示された。ＡＤＢや世界銀行など既存の開発金融機関だけでこの需要に応えることはできないことから、ＡＩＩＢには不足分を埋めるという役割が期待される。ＡＩＩＢ側も、国外からの懸念を払拭する意図もあってか、ＡＤＢとの協調融資を行っている。

　しかし同時に、ＡＩＩＢには「一帯一路」の資金供給源としての側面もある。二〇一七年五月一四日に北京で開催された「一帯一路」国際協力サミットフォーラムの開幕式で、習近平主席はＡＩＩＢによる「一帯一路」参加国向け融資が九つの案件で一七億ドルに達していると紹介した。加えて、「シルクロード基金」による投資が四〇億ドルに達したとの言及もあった。シルクロード基金は開発銀行ではなく、一四年一二月に設立された政府系投資ファンドだ。発足時の出資額は四〇〇億ドルだったが、習主席の演説では一〇〇〇億人民元を増資するとの計画が示された。

　二〇一九年五月下旬の第二回「一帯一路」国際協力サミットフォーラムで示された「成果リスト」を見ると、ＡＩＩＢとシルクロード基金以外にも、国家発展改革委員会、中国国家開発銀行や中国輸出入銀行、政府系ファンドの中国投資有限責任公司などの他、国有企業や私営企業による投融資案件が並んでいる。

「一帯一路」をめぐる懸念

大々的に展開される「一帯一路」は、共産党規約にも明記された。二〇一七年一〇月の第一九回中国共産党大会では、習近平主席が党総書記に再選され、習体制が盤石になった。このとき改正された党規約では、「習近平による新時代の中国の特色ある社会主義思想」という長いフレーズが随所に挿入されたが、それに加えて「『一帯一路』の建設を推進する」という文言も盛り込まれたのである。党が国家を指導する中国において、「一帯一路」が党規約に明記されたということは、揺るがぬ国策として位置づけられたことを示すものだった（なお、二三年一月時点で憲法では言及されていない）。

だが、「一帯一路」に対しては国外からさまざまな懸念が表明されているのも事実だ。環日本海経済研究所所長の河合正弘は、「一帯一路」が国際公共財としての意義を高めるために応えていくべき課題として、以下の六点を指摘している。

①沿線国間の政治体制や法制度、経済システム、価値観が異なり、人権を抑圧するような権威主義的政府に対してインフラ支援を行えば、国際社会の批判の対象となりうる。

②中国が自国本位の地政学的・軍事的目的で事業を展開し、周辺国の安全保障を脅かす

ケースがある。
③プロジェクトを担当する中国企業が、環境面、安全面、税制面、雇用面などで沿線国の規制や法律を無視ないし軽視するかたちで事業を進めているという批判がある。
④中国から各沿線国への投融資の額が不透明であるとともに、必ずしも借入国の債務返済能力が十分考慮された上で決定されたわけではないという問題がある。
⑤クロスボーダー型のインフラ・プロジェクトについて国際的な総合調整機関が存在しないという問題がある。
⑥インフラ・プロジェクトの結果を評価する枠組みが欠如しているという問題がある。
（河合二〇一八）

②については、パキスタンのグワーダル港やオマーンのドゥクム港の開発のように、表向きは経済目的とされながらも、将来的な「軍港化」を見据えてインフラ整備が行われているのではないかとの指摘がやまない。④については、スリランカ政府がハンバントタ港開発に関し債務を返済することができず、同港の運営権を中国企業に譲渡するという事例が実際に生じていた。いわゆる「債務の罠」である。こうした批判については中国側も意

識しているようで、二〇一七年五月に沿線国の財政当局と「『一帯一路』融資指導原則」を制定したほか、一九年四月には「『一帯一路』の債務持続可能性に関する分析枠組み」を確立し、こうした取り組みを第二回「一帯一路」国際協力サミットフォーラムでアピールすることで、懸念を払拭しようとはしている。

さらに、より大きな観点では、中国が自国を中心とする巨大経済圏の構築を通じてユーラシアやアフリカ各国への影響力を急速に拡大し、超大国としてアメリカに対抗していくための基盤としようとしているのではないかという懸念が当初からある。

反発を強めるアメリカ

「一帯一路」やＡＩＩＢに対して世界はどう反応したのか。米欧と日本、そしてインドはどのような姿勢で臨んできたのかを順に見ていく。

アメリカは当初、賛成とは言わないまでも、一定の理解を示していた。オバマ大統領はＡＩＩＢへの参加は見送ったものの、地域の成長に資するものであるとして「ポジティブなものになる可能性がある」との見方を示していた。また、二〇一五年九月下旬の習近平主席訪米時に発表された米中経済関係に関するファクトシートには、「中国がアジアおよびその他の地域で開発とインフラ整備への資金供給における貢献を拡大させていることについて、アメリカは歓迎する」との記載もあった。

こうした対応について、アメリカ国防大学中国軍事問題研究センター上級研究員のジョエル・ウスノフは、当時の政権の関心事は気候変動やイラン核開発といった米中間の重要課題で、習近平自ら旗を振るプロジェクトで対立することに利点を見出していなかったと指摘している（Wuthnow 2018）。

習主席もこのときホワイトハウスのローズガーデンで行われたオバマ大統領との共同記者会見で、懸念を払拭しようとした。記者からの質問に答えるかたちで、「一帯一路」とＡＩＩＢについて「他国との互恵協力を拡大し、共通の発展を実現しようとしている」、「こうしたイニシアチブはオープンで、透明で、包摂的なものだ」、「アメリカの利益や他国の利益とも合致している」と説明したのである。

中国に強い姿勢で臨んだ印象が強いトランプ政権も、最初の段階では「一帯一路」に異議を唱えていたわけではなかった。二〇一七年五月に公表された米中包括的経済対話の「百日行動計画の初期成果」という共同プレスリリースに添付されたファクトシートには、「アメリカは中国による一帯一路イニシアチブの重要性を認識し、北京で五月一四日から一五日に開かれる一帯一路フォーラムに代表団を送る」と記されていたのだ。

「一帯一路」国際協力サミットフォーラムへの代表団派遣はアメリカの捉え方を理解する上で示唆に富んでいた。大統領や副大統領といった首脳級はおろか、閣僚の派遣もしなかったのである。団長は国家安全保障会議（ＮＳＣ）のアジア上級部長のマシュー・ポッティンガーが務めた。国家安全保障を司るＮＳＣの幹部が代表団を率いるということは、アメリカが「一帯一路」を単なる経済圏構想としてではなく、戦略地政学的な観点から捉えていることを象徴している。

　ちなみにポッティンガーはジャーナリスト出身で、『ウォール・ストリート・ジャーナル』紙の特派員として北京に駐在した経験もあり、中国に精通する人物だ。ただし、国家安全保障問題担当の大統領副補佐官を務めていた二〇二〇年一〇月には中国語での講演で習近平体制の「全体主義」を批判しており、中国通であると同時に対中強硬派としても知られる。

　だが、「一帯一路」に対するトランプ政権の姿勢は「よりネガティブで、敵対的とすら言えるメッセージ」に取って代わられていく（Wuthnow 2018）。レックス・ティラーソン国務長官は、二〇一七年一〇月中旬に戦略国際問題研究所（ＣＳＩＳ）で講演を行った際、中国の活動や行動を注視しているとした上で、資金供給メカニズムが多くの国に「とてつもないレベルの債務」をもたらしていると語った。また、現地での雇用を創出するものでもなく、代わりに国外から労働者を連れてきてインフラ整備プロジェクトに従事させているとも指摘し、「一帯一路」の名前こそ挙げなかったものの、「将来の成長をサポートするような構造ではない」と批判したのだ。

二〇一七年一二月に公表されたトランプ政権の「国家安全保障戦略」（NSS）では、アメリカの開発協力について述べたくだりの最後で、「アメリカ主導の投資は開発にとってもっとも持続的かつ信頼できるアプローチであることを示しており、権威主義国家による腐敗し、不透明で、搾取的で、クオリティの低い契約とは明確な対照をなしている」（傍点筆者）と記されていた。どこの国のことを指しているのかは言うまでもなかった。

二〇一九年四月には第二回「一帯一路」国際協力サミットフォーラムが開かれたが、そこにアメリカ代表団の姿はなかった。

ヨーロッパでは「港湾」と「中東欧」に進出

一方、ヨーロッパは国によって対応が分かれた。

第一回「一帯一路」国際協力サミットフォーラムでは、イタリア、スペイン、ギリシャ、ポーランド、ハンガリー、セルビアは首相が、チェコとスイスは大統領が出席した。ドイツは経済エネルギー相を、イギリスは財務相をそれぞれ派遣した。ラファラン元首相が出席したフランスのように、現職閣僚を送らなかった国もあった。

ジェトロの調べによると、二〇一九年四月末時点で中国との「一帯一路」に関する協力文書に署名したヨーロッパの国は、ＥＵ加盟国が一七、非ＥＵ加盟国が九に上った（ジェトロ二〇一九）。

とくに積極的だったのはイタリアだ。二〇一九年三月下旬に習近平主席がローマを訪問した際、Ｇ７としては初めて中国と「一帯一路」に関する覚書の署名が行われた。この覚書により、中国企業がジェノヴァやトリエステなどの港湾関連事業に関与することになった。この覚書以前にも、一六年一一月に中国インフラ大手・中国交通建設（ＣＣＣ）とイタリアの企業連合がヴェネツィアの港湾整備事業を落札するなど、中国企業による投資が目立っていた。イタリアの対応は、慎重な立場をとっていた英仏独とは対照的だった。

港湾事業では、ギリシャのピレウス港に対する中国の経営権掌握も注目を集めた。アテネ近くに位置するピレウス港は、同国最大の港湾であるだけでなく、アドリア海や北アフリカへのアクセスが容易な地中海の要衝でもある。「二一世紀海上シルクロード」にとっては、スエズ運河を経て、ヨーロッパで最初の主要港ということになる。さらにその先の港湾にアクセスする際の拠点という役割も担い得る。二〇一六年、同港の運営を担うピレウス港湾公社の株式の五一％が二億八〇五〇万ユーロで中国海運最大手・中国遠洋海運集団有限公司（コスコ・グループ）によって取得された（その後、出資比率は六七％に増加）。同港は〇九年に運営権の一部をコスコの前身企業にリースし、一三年には第三埠頭の建設も同社によって行われていた。一九年一一月にはギリシャを訪問した習近平主席がミツォタキス首相と同港を視察していることからも、中国がピレウスを重視していることがうかがえる。

中国は中東欧にも攻勢をかけている。二〇一二年四月にチェコやクロアチア、ポーランドなど一六か国と「中国・中東欧諸国協力」（16＋1）という枠組みを立ち上げたのである。経済・貿易、文化、教育、青年、農業、観光、科学技術など多方面での協力推進が目的とされている。一九年にクロアチアのドブロブニクで開かれた首脳会合ではギリシャが加わり、17＋1となった。イタリアや中東欧は経済や財政状況が不安定な国が多く、中国はこれらの国との関係を深めることでヨーロッパに橋頭堡を築こうとしているように見える。

ただ、当初中国との協力に積極的だった国の中でも、一部は次第に慎重な姿勢を強めていった。中国・中東欧諸国協力では、二〇二一年五月にリトアニアが、二二年八月にエストニアとラトビアが脱退した（このため、現在は「14＋1」になっている）。

ドイツでは、ハンブルク港のコンテナ・ターミナルに中国遠洋海運集団の子会社が出資することの是非をめぐり、ショルツ政権の閣内からも反対が出るなど、一大論争が巻き起こった。ピレウス港のように、中国企業によって港湾が支配されてしまうのではないかと懸念されたのだ。中国遠洋海運集団側の出資比率を下げるなどの妥協案が受け入れられたことで、二二年一〇月下旬に出資は承認されたが、対中経済関係の深いドイツでさえも自国の基幹インフラに関わるとなれば強く警戒することを示した一件だった。

日本でも提唱されていたシルクロード開発構想

シルクロード構想と言えば、すっかり中国の専売特許となった感がある。だが、「シルクロード」という言葉にも言及するかたちで、日本は中国に先駆けてユーラシア開発構想を提起していた。

二〇〇九年六月三〇日、麻生太郎総理が外交政策演説を行った。

「本日は、新しい構想をお話しします」と前置きして、「ユーラシア・クロスロード」なる構想を掲げたのである。麻生政権の外交と言うと「自由と繁栄の弧」の印象が強いが、ユーラシアその中央に位置し、豊富な資源を持つ中央アジア・コーカサス地域に注目し、ユーラシア大陸を「タテ・ヨコ双方でつなげる」ことに日本として協力していくというものだった。

タテの線は中央アジアからアフガニスタンを経てアラビア海に至る「南北の物流路」と

された。ヨコの線は、中央アジアからコーカサスを経て欧州に至る「東西回廊」で、想定されるプロジェクトとして、「カスピ海沿岸の港湾整備」が挙げられていた。

さらに麻生総理は、聴衆にこう語りかけた。

「私は、これまで、インドのデリー・ムンバイ間産業大動脈構想、インドシナのメコン経済回廊といった、アジアの広域開発の話をして参りました。（中略）こうした一連の構想をつなげて、太平洋に始まり欧州に至るユーラシア大陸全体を貫き、ヒト・モノ・カネが自由に流れるルートを整備する。そんな未来も描けます。いわば、現代版シルクロードとも言え、本日は皆様と、そうした夢のある大きな構想を、共有させて頂きます」（傍点筆者）

演説は外務省とかかわりが深い日本国際問題研究所主催の講演会として行われたものだった。つまり、外交方針として政府内で十分に練られた上で、海外へのアピールも意識して発信したものだと捉えることができる。

また、興味深いことに、この構想の「重要なパートナー」として三つの国が挙げられていた。中国、インド、ロシアである。麻生総理は、クロスロード構想に「これらの国々が関心を持つことを、歓迎します」と発言していた。「自由と繁栄の弧」では「自由」ではない中国が外されていたが、ここでは中国にも参加を呼びかけることで軌道修正を図ったという側面があったのかもしれない。

日本は、麻生演説以前から、中央アジアとの関係強化に乗り出していた。二〇〇四年から中央アジア五か国（ウズベキスタン、カザフスタン、キルギス、タジキスタン、トルクメニスタン）との対話枠組み「中央アジア＋日本」を開始し、外相会合や高級事務レベル会合に加え、専門家会合とビジネス対話も開いていた。中央アジアから有識者を招いて行うシンポジウム「東京対話」も開催された（一八年までに計一一回を数えている）。

しかし、こうした取り組みはあったものの、日本が中央アジアで主要なプレイヤーとして影響力を発揮するまでには至らなかった。構想を提唱した二か月後に総選挙で自民党が大敗し、麻生総理も辞任を余儀なくされたため、具体化に向けたイニシアチブをとることはできなかった。

一方、中国は安全保障面ではロシアおよび中央アジア諸国とともに結成した「上海協力機構」（SCO）を強化し、経済開発面では二〇一三年に「シルクロード経済ベルト」を提唱した。その後の展開は、本章で記したとおりである。

中央アジア諸国と国境を接している中国に地の利があったのはたしかだが、日本も継続的かつより積極的な取り組みを行っていれば、その後のユーラシアの状況は違ったものになっていたのでは、という気がしてならない。

日本はどう向き合ってきたか

日本は二〇〇六年一〇月に安倍晋三総理が訪中した際、胡錦濤国家主席との間で両国関係を発展させることで一致し、これを「戦略的互恵関係」と呼んだ。安倍総理は一二年一二月に再登板した直後こそ、中国の拡張的姿勢に警戒感を示していた。第二次政権発足と同時期に『プロジェクト・シンジケート』のウェブサイトに寄稿した「アジアの民主主義安全保障ダイヤモンド」で、安倍総理は南シナ海が「北京の湖」になっているとして中国の海洋進出に警鐘を鳴らしていた。だがその後、戦略的互恵関係にもとづく日中関係の推進に取り組む姿勢を示すようになっていった。日本にとって中国は最大の貿易相手国であり、経済面では不可欠のパートナーである一方、歴史問題や尖閣諸島の領有権をめぐる問題をはじめ、政治面では難題が山積していた。

それだけに、政治と経済が密接にからみ合う「一帯一路」をめぐり、日本は難しい対応を迫られた。二〇一五年に発足したＡＩＩＢについては、ＡＤＢを主導する立場でもあり、アメリカと歩調を合わせて参加を見送っていた。だが、「一帯一路」の場合、プロジェクトによっては日本にとってもプラスになり得るものもある。中欧班列のように海上輸送と航空輸送に次ぐ第三の輸送手段が広がれば、ユーラシアの物流改善につながるという期待もあった。しかし同時に、インフラ協力を通じて沿線国への中国の影響力が強まることになりかねないことも懸念された。

試金石のひとつは、二〇一七年五月の「一帯一路」国際協力サミットフォーラムへの参加をどうするかだった。アジアやヨーロッパの中には首脳や閣僚級を派遣する国も少なくなかったが、日本は現職閣僚の派遣は見送った。とはいえ、中国と太いパイプを持つとされる二階俊博・自民党幹事長（元経済産業相）が団長を務め、官民の有力者が参加する代表団が結成された。榊原定征・経団連会長と林幹雄・前経済産業相が副団長に名を連ねたほか、政府からは松村祥史・経済産業副大臣と今井尚哉・総理秘書官が参加したのである。

フォーラム期間中、習近平主席は二階幹事長ら日本代表団と会見し、「一帯一路」について「中日両国の互恵協力と共同発展を実現する新たなプラットフォームと『実験場』となれる」として、日本側が中国とともに協力していくことへの期待を示した。二階幹事長も、中国中央テレビ（CCTV）のインタビューで、「『一帯一路』の着目は素晴らしいものだ」、「今回のサミットで全世界に向けてアピールされ、大変好評を博した」として、「大成功だった」と語った。なお、このとき二階は安倍総理の親書を習主席に手渡したが、その内容をめぐり一悶着があった。原案では「一帯一路」に対して慎重な姿勢が示されており、安倍総理や麻生太郎副総理、菅義偉官房長官の了承も取り付けていた。だが、今井総理秘書官が「一帯一路についてあまりにも後ろ向きな内容しか書かれていない。こんな恥ずかしい親書を二階幹事長に持たせるわけにはいかないと、相当修正を加えた」として、『一帯一路についても可能であれば協力関係を築いていきたい』という文言を入れた」というのだ。これ以上の詳細は明らかにされていないが、この頃「一帯一路」をめぐり政府・与党内でも意見が分かれていたことがうかがえる。

二階はこの年の一二月末にも与党訪中団を率いて再度訪中している。このときも習主席が会見に応じており、産経新聞は「異例の厚遇」と報じた。なお、二〇一九年の第二回「一帯一路」国際協力サミットフォーラムにも、二階は日本政府代表団の団長として出席した。

その後、日中は第三国での協力を模索していく。二〇一七年一一月にベトナムのダナンで開かれたＡＰＥＣ首脳会議の際に安倍総理と習近平主席が会談し、「第三国市場協力」

について合意した。一八年五月上旬には李克強首相が訪日し、ここでも両国が第三国での協力を推進していくことで一致した。翌六月に日本政府が改訂した「インフラシステム輸出戦略」でも、「第三国における日中民間経済協力」に向けて、具体的なプロジェクトの議論や展開を行っていくことが盛り込まれた。

この年の一〇月、安倍総理の訪中も行われた。日本の総理が訪中するのは、二〇一一年一二月の野田佳彦総理以来、七年ぶりだった。日本の「一帯一路」への参加が表明されたわけではなかったが、「日中第三国市場協力フォーラム」が開催され、第三国を舞台に両国がインフラを含む数々の分野で協力していくことが合意された。このとき第三国協力の有力候補と目されたのはタイで、フォーラムには同国の企業関係者が出席している。翌一九年四月には、ジェトロと中国国際貿易促進委員会（CCPIT）がバンコクでワークショップを開き、タイの東部経済回廊（EEC）での日中協力について議論が交わされた。

だが、安倍総理は中国側に対し「注文」をつけることも忘れていなかった。二〇一八年五月の李克強首相との首脳会談では、「開放性、透明性、経済性、財政健全性等の国際スタンダードが確保されることを踏まえた上で、個別案件ごとに協力の可能性を検討する」との方針を説明していた。習近平訪日が取り沙汰されていた二〇一九年三月二五日に開かれた参議院予算委員会での答弁でも、開放性などの四条件に触れた上で、「一帯一路」について「全面的に賛成ということではない」という見方を示している。

このように、「一帯一路」をめぐり日本政府は積極姿勢と慎重姿勢が入り交じっていた。だが、日本は中国の巨大経済圏構想に受け身で臨むだけではなかった。これと並行して、独自のイニシアチブが形成されようとしていた。

それが「自由で開かれたインド太平洋」（ＦＯＩＰ）だ。日本は自国だけでなく、アメリカやオーストラリア、そしてインドにも強力な働きかけを行い、この構想を進めていこうとした。そこでもカギを握っていたのはインドだった。次章では、ＦＯＩＰの中身と背景を見ていくとともに、関係各国、とりわけインドがいかなる思惑で関与していったのかについても論じていく。

コラム② 『三国志』と現代中国の指導者、そしてユーラシアの勢力図

数多《あまた》ある中国古典の中で、もっとも人気が高いもののひとつは『三国志』だろう。魏・呉・蜀による三国鼎立の下で皇帝や軍師、武将が繰り広げるドラマは中国のみならず日本でも熱烈なファンが多い。筆者もかつて、四川省成都の武侯祠はもちろん、諸葛亮が没した五丈原まで行ったことがあるほど強い思い入れを抱いている作品だ。

近現代中国の指導者の中では、毛沢東が『三国志』を愛読書のひとつとしていたことが知られている。どこまで本人が意識していたかはわからないが、一九七一年にソ連に対抗するべく米中接近を図ったことは、諸葛亮による「天下三分の計」に通じるものがある。もっとも、毛沢東が共感したのは曹操のほうで、為政者であると同時に詩人としても傑出した存在だった点に、敬意と共感を抱いていたようだ。

現代でも、指導者が演説の中で中国古典の言葉を引用することはよくある。

筆者の印象に残っているのは、朱鎔基の発言だ。一九九八年三月一九日、全人代（全国人民代表大会）で国務院総理（首相）に選出された後の記者会見で示した朱の決意は語り草になっている。「前に地雷原が広がっていようとも万丈の深淵があろうと

も、自分はひたすら前進するのみだ。後に引くわけにはいかない」との言葉のあとに、「鞠躬尽瘁、死而後已」とつづけた。これは蜀の丞相・諸葛亮が北伐を前に劉備の子で皇帝の劉禅に宛てた「後出師表《すいしのひょう》」に見える言葉で、「深く謹み、全力で事に当たり、死してはじめて終わる」との意味だ。蜀の丞相としての諸葛亮と中華人民共和国の宰相としての朱鎔基が重なっているかのように映ったのは筆者だけではないだろう。

習近平国家主席も『三国志』の言葉を引いたことがある。二〇一四年二月にロシアのテレビ局のインタビューに応じた際、指導者の責任は「泰山より大きい」としたのにつづけて、「受命以来、夙夜《しゅくや》憂嘆、恐託付不効（命を受けたとき以来、夙夜に憂嘆し、託付の効あらざることを恐る）」と述べたのである。これも諸葛亮の「出師表」に出てくる言葉だ。

二〇一五年に人民日報出版社から刊行された『習近平用典』には、習近平が演説で引用した古典の該当部分の紹介と解説が収録されている。『論語』や『史記』、『貞観政要』をはじめ幅広い古典から引用されていることがわかり、現代でも古典の故事や言葉が活かされていることがわかる。

これらはあくまで修辞的な用法であり、いまの中国指導部が『三国志』的な構図を現代世界に当てはめて外交を展開しているというわけではない。戦乱の三国時代と経済的相互依存が進む現代はそもそも状況が異なる。だが、ユーラシアの状況を見ると、中国、ロシア、インドの三か国がそれぞれの思惑で合従連衡――この言葉自体は春秋戦国時代に由来するものだ――を図る一方で、たとえば印中では対立の要素も強まっているといったさまは、『三国志』と重なる部分があるようにも見える。

本章でも言及した中国外交のキーワード「韜光養晦」について以前調べていたとき、『三国志』の故事を例に解説していた文章を発見したことがある。北京大学国際関係学院の張清敏教授が二〇〇八年に日本で行った研究報告の中で、「韜光養晦」の意味するところについて、ある中国外交当局指導者が『三国志演義』（正史『三国志』とは別の、後世に成立した物語）を用いて説明してくれたというのである（張二〇〇九）。

それは、三国鼎立前の時期に、呂布に敗北した劉備が曹操の下に一時期身を寄せたときのことを描いた有名なエピソードだ。劉備は曹操の軍門に降りながらも野心を内に秘め、曹操もまたそうした劉備に疑念を抱いていた。そこで劉備は曹操の警戒心を解こうと、「裏の庭で野菜を育て、自ら水をやり、そうして韜晦の計略とした（後園種菜、親自澆灌、以為韜晦之計）」のである。また、曹操が談論の中でいまの時代の英雄は自分と劉備だと告げたときにも、劉備は激しい雷雨を理由に取り乱すさまを装ってみせたこともあった。こうしたなかで劉備は着々と力を蓄えていき、蜀の建国につながった。

現在の中国は「韜光養晦」の段階を越え、巨大な経済力と軍事力を背景として世界の中で台頭をつづけている。劉備が築いた蜀は諸葛亮の死後、魏に滅ぼされてしまうのだが、その轍を踏まないよう、さらに故事から学ぼうとしているのではないだろうか。

第三章　「自由で開かれたインド太平洋」をめぐる日米印の合従連衡

二〇〇七年の安倍総理「二つの海の交わり」演説

「太平洋とインド洋は、今や自由の海、繁栄の海として、一つのダイナミックな結合をもたらしています。従来の地理的境界を突き破る『拡大アジア』が、明瞭な形を現しつつあります。これを広々と開き、どこまでも透明な海として豊かに育てていく力と、そして責任が、私たち両国にはあるのです」

「日本とインドが結びつくことによって、『拡大アジア』は米国や豪州を巻き込み、太平洋全域にまで及ぶ広大なネットワークへと成長するでしょう。開かれて透明な、ヒトとモノ、資本と知恵が自在に行き来するネットワークです。ここに自由を、繁栄を追い求めていくことこそは、我々両民主主義国家が担うべき大切な役割だとは言えないでしょうか」

「共に海洋国家であるインドと日本は、シーレーンの安全に死活的利益を託す国です。（中略）志を同じくする諸国と力を合わせつつ、これの保全という、私たちに課せられた重責を、これからは共に担っていこうではありませんか」

これは、二〇〇七年八月二二日に安倍晋三総理がインド国会で開かれた上下両院合同会議で行った演説「二つの海の交わり」のくだりである。この時点では「自由で開かれたインド太平洋」というフレーズこそ登場していないが、「太平洋とインド洋」をセットで捉えるコンセプトが示されている。「自由」や「開かれた」といったキーワードに複数回言及している点も興味深い。

安倍演説は、議場のインド国会議員から熱狂的な支持を受けた。このとき現場にいたある日本側外交関係者は、「議員が机を叩き、足を踏みならす音が議場に響き渡っていました。演説への賛意の表れだったのです。まさに圧巻でした」と当時の様子を筆者に教えてくれたことがあった。

この演説には、インド人の琴線に触れる内容がふんだんに盛り込まれていた。まず、タイトルにもなっている「二つの海の交わり（Confluence of the Two Seas）」。演説でも触れられているが、この「二つの海の交わり」は、実はインド発の表現だった。一六五五年にムガル帝国の王子、ダーラー・シコーが著したイスラームとヒンドゥー教の調和を説いた宗教論のタイトルが『二つの海の交わり（*Majma-ul-Bahrain*）』だったのである。ちなみに、ダーラー・シコーの父親は第五代皇帝シャー・ジャハーン。妃のムムターズ・マハルのために作った墓廟は世界的に有名な建築になっている——タージ・マハルだ。

スワミー・ヴィヴェーカーナンダに繰り返し言及した点も聴衆にアピールした。インドを代表する近代の宗教指導者にして思想家だ。駐日インド大使館に併設されている文化施設が「ヴィヴェーカーナンダ文化センター」となっていることからも、その存在の大きさがうかがえるだろう。

安倍総理は演説の冒頭で、「The different streams, having their sources in different places, all mingle their water in the sea.」というヴィヴェーカーナンダの言葉を英文で引用した。「それぞれ別の水源からもたらされた異なる流れが、海において完全に交わる」といった意味だ。その上で「太平洋とインド洋の結合」を語るのだから、インド人の注目を引かないわけがない。

「利害と価値観を共にする相手として、誰に対しても透明で開かれた、自由と繁栄の海を共に豊かにしていく仲間として、日本はインドを『発見』し直しました」との部分も、含蓄に富んでいる。「インドの発見」（The Discovery of India）とは、インド初代首相のジャワーハルラール・ネルーの著書のタイトルなのだ。この演説のときのインドは、かつてネルーが率いたインド国民会議派主導の政権だった。党総裁は、ネルーの孫ラジーヴ・ガンディーの妻ソニア・ガンディー。こうしたインド内政の状況も押さえてのことだったと思われる。

この年の九月上旬に安倍総理は体調不良で辞意を表明し、同月二五日に内閣総辞職となった。そのため、インドで提唱した「二つの海の交わり」はすぐに日の目を見ることはなかった。後継の福田政権と麻生政権は短命に終わった。二〇〇九年に誕生した民主党政権は混迷がつづき、一一年三月以降は東日本大震災と福島第一原子力発電所事故の対応に忙殺された。鳩山由紀夫総理は「東アジア共同体」構想に前向きな姿勢を示したが、その結果アメリカとの同盟関係が揺らぐ事態を招くことになった。

日本がインド洋と太平洋をつなぐビジョンを示しながら、国内政局の混乱もありそれ以降具体化に手間取るなか、アメリカではまさにその動きが着々と進行していた。

「インド太平洋」を作り出したのはどの国か？

二〇二〇年代の今日でこそ「インド太平洋（the Indo-Pacific）」は国際政治の文脈ですっかり定着した感がある。しかし、一〇年代初頭まではＡＰＥＣに代表される「アジア太平洋」のほうが一般的だった。一六年五月に開催されたＧ７伊勢志摩サミットの首脳宣言でも、環太平洋経済連携協定（ＴＰＰ）署名の文脈で「アジア太平洋地域」との表現があるが、「インド太平洋」は登場していない。後述するように、安倍総理が「自由で開かれたインド太平洋」戦略を提唱したのは、一六年八月に第六回アフリカ開発会議（TICAD）で行った演説の中でのことだった。しかし、その翌月に国連総会で行った一般討論演説では、同戦略のコンセプトに通じる内容が盛り込まれてはいたものの、「インド太平洋」の表現はなかった（総会演説で「インド太平洋」が言及されたのは、一八年が最初である）。「インド太平洋」という用語そのものは以前から存在した。海洋生物学では、インド洋と太平洋に共通して分布する生物があることから、二つの大洋を一括りにして捉えるケースが存在していたのである。

しかし、それが外交や安全保障政策の中で頻繁に言及されるようになったのは、二〇一〇年代に入ってからである。政府高官の発言としては、アメリカのヒラリー・クリントン国務長官が一〇年一〇月二八日にハワイのホノルルで行った演説での言及が初のようだ。この演説はアメリカのアジア回帰を鮮明にしたという点で重要だったが、「グローバルな貿易と商業にとってインド太平洋海域がいかに重要かをわれわれは理解しており、そのため太平洋においてインド海軍との協力を拡大している」とも述べられていたのである。ただ、「インド太平洋」が登場したのはこの一回だけで、演説のタイトルも「アジア太平洋におけるアメリカの関与」だったことから、この時点ではこの概念にさほど重点が置かれ

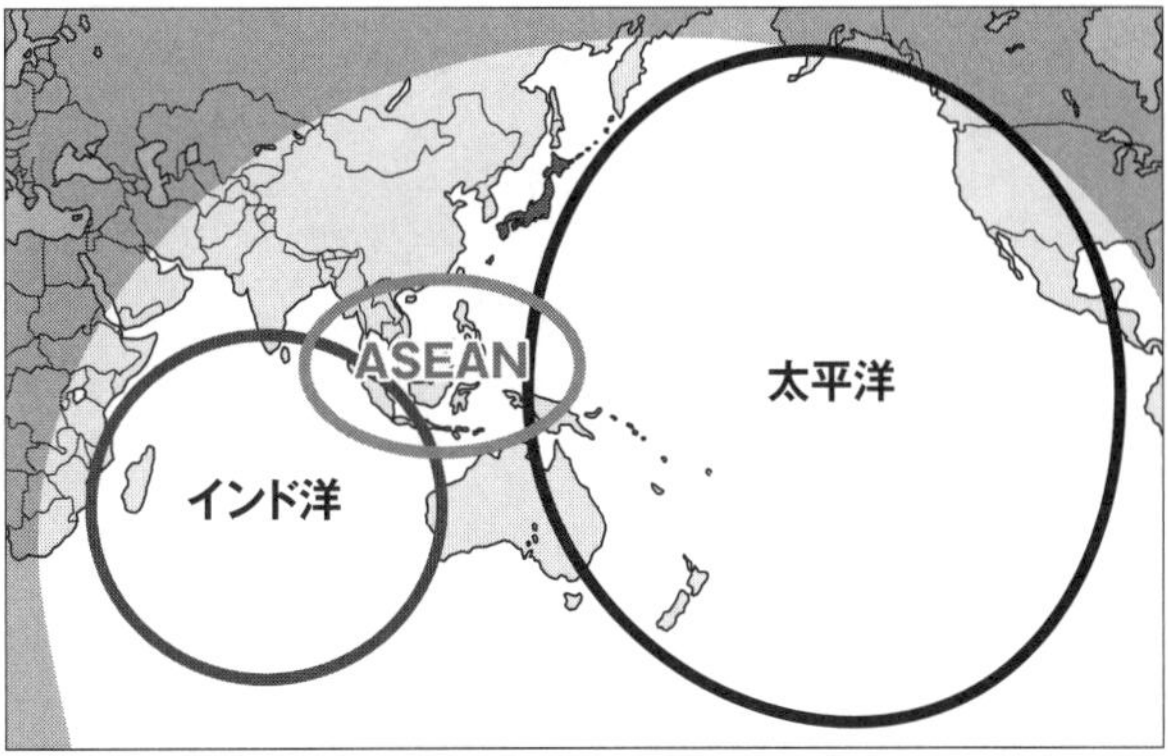

「自由で開かれたインド太平洋」の範囲を示すイメージ図
出所）外務省ウェブサイト「自由で開かれたインド太平洋」をもとに作成
https://www.mofa.go.jp/mofaj/files/000430631.pdf

ていなかったと見ていい。

クリントン国務長官は翌二〇一一年一〇月に『フォーリン・ポリシー』誌に「アメリカの太平洋の世紀」と題した論文を寄稿した。そこでも「インド太平洋」という言葉が用いられたのは一回だけだったし、オーストラリアとの関係の文脈の中でに過ぎなかった。しかしこの論文では、インド洋と太平洋の連結性強化が何度も論じられていた点が前年の演説とは異なる点だった。インド太平洋論の形成過程を詳細に検討した中京大学の溜和敏は、〇〇年代後半から外交研究者による論文やシンクタンクの報告書で「インド太平洋」に言及するものはあったが、クリントン論文は「インド太平洋論の発展における最重要の契機」になったと指摘している（溜二〇一五）。

太平洋とインド洋の両方に接しているオーストラリアがこの新概念に反応しないわけはなかった。同国のローウィ国際政策研究所は二〇一〇年六月に発表した報告書で、ペルシャ湾の奥から北マリアナ諸島までの広大な範囲に、より大きな「インド太平洋」という安全保障システムが出現しているとの見方を示していた。また、一三年五月発表の国防白書で「インド太平洋という新たな戦略的弧」が出現していると言及しており、これは政府文書で「インド太平洋」が登場した初のケースとされる。

アメリカも二〇一八年五月末、米軍の「アメリカ太平洋軍」を「アメリカ・インド太平洋軍」へ名称変更するなど、「インド太平洋」が定着していった。

米豪で「インド太平洋」という聞き慣れない地理的概念が普及していった背景には何があるのか。一つは、中国の海洋進出がある。とりわけ南シナ海の南沙諸島に対する領有権主張と人工島造成に代表される一方的な活動は、フィリピンとの対立をもたらしただけでなく、アメリカをはじめ関係国が強い懸念を抱くことになった。同時に、クリントン演説で示されていたように、アメリカの「アジア回帰」もこの海域への関心を高めることになった。だが、これだけなら従来の「アジア太平洋」で事足りるのでは、という指摘が出てきそうだ。なぜインド洋との結合が必要になるのかと言えば、やはりインドの台頭と同国を引き込む必要性があったからだろう。

「自由で開かれたインド太平洋」とインドの思惑

こうしたなか、日本でも外交・安全保障研究者のあいだで「インド太平洋」をめぐる議論が活発になっていった。たとえば、日本国際問題研究所は、二〇一四年七月に『「インド太平洋」時代の日本外交』と題した報告書を発表して以降、「インド太平洋」をテーマにした提言や報告書が目立っている。安倍総理も、再登板後間もない一三年二月にアメリカのシンクタンク、戦略国際問題研究所（ＣＳＩＳ）で行った講演「日本は戻ってきました」で、「アジア・太平洋地域」と並列というかたちではあったが「インド・太平洋地域」に言及していた。

安倍総理の「自由で開かれたインド太平洋（ＦＯＩＰ）戦略」は、二〇一六年八月二七日にケニアのナイロビで開かれたＴＩＣＡＤ Ⅵで発表された。開会式の基調演説で、「世界に安定、繁栄を与えるのは、自由で開かれた二つの大洋、二つの結合が生む、偉大な躍動に他なりません」、「日本は、太平洋とインド洋、アジアとアフリカの交わりを、力や威圧とは無縁で、自由と、法の支配、市場経済を重んじる場として育て、豊かにする責任を担います」とした上で、「両大陸をつなぐ海を、平和な、ルールの支配する海とする」ことを願っていると述べたのだ。

ＴＩＣＡＤという場での演説だったこともあり、このときは「アジアとアフリカの接続」にも注目が集まった。安倍総理が「アジアからアフリカに及ぶ一帯を、成長と繁栄の大動脈にしようではありませんか」と語ったくだりだ。

これに素早く反応したのはインドだった。この年の一一月にモディ首相が訪日した際、日印共同声明には「アジアとアフリカの産業回廊と産業ネットワークの開発を促進」していくことが盛り込まれた。翌一七年五月には、インド・グジャラート州で開いたアフリカ開発銀行（ＡｆＤＢ）の年次総会での演説で、モディ首相が「アジア・アフリカ成長回廊」（ＡＡＧＣ）として提唱した。インドの発展途上国研究情報システム（ＲＩＳ）、日本のジェトロ・アジア経済研究所、東アジア・ＡＳＥＡＮ経済研究センター（ＥＲＩＡ）による「ビジョン・ドキュメント」も発表された。

筆者はこの頃、インドで外交・安全保障研究者と意見交換をした際、「自由で開かれたインド太平洋」以上にＡＡＧＣが話題に上り、高い期待が示されていたことを覚えている。この時点ではまだ「自由で開かれたインド太平洋」の詳細が明らかになっていなかった。

一方、ＡＡＧＣはアフリカとの経済的関与拡大の起爆剤になる可能性を秘めており、インドはより具体的な魅力を感じたのではないだろうか。

だが、その後ＡＡＧＣが取り上げられる頻度は減っていった。二〇一七年九月の日印共同声明と一八年一〇月の日印ビジョンステートメントでは「アジア及びアフリカの産業回廊及び産業ネットワークの発展」への言及はあったものの、具体的なプロジェクトが実施に移された形跡はない。

「お蔵入り」になった二〇一三年の「インド太平洋戦略」演説

「自由で開かれたインド太平洋戦略」は、二〇一六年八月にナイロビで安倍総理が発表した――とされている。たしかにそうなのだが、実はその三年半以上前に重要な演説が用意されていたことは、あまり知られていない。

安倍総理は二〇一二年一二月に再登板すると、翌一三年から活発な外交を展開した。最初の外国訪問は一月中旬の東南アジア歴訪だった。ベトナム、タイにつづいて一月一八日にはインドネシアの首都ジャカルタに到着。ここで安倍総理は、「開かれた、海の恵み――日本外交の新たな五原則」と題した演説を行う予定だった。

しかし、ベトナム訪問中の一月一六日にアルジェリアの天然ガス精製プラントがアル・カーイダ系武装組織によって襲撃され、アルジェリア人一五〇人と、日本人一〇人を含む外国人四一人が人質にとられる事件が起きたことで、状況は一変した。安倍総理は最後の訪問先であるインドネシアでは一八日にユドヨノ大統領との首脳会談と共同記者会見のみ行い、他の予定はすべてキャンセルして帰国し、日本政府の陣頭指揮をとることにした（事件としては一九日にアルジェリア軍の特殊部隊が介入して鎮圧されたが、一〇人の日本人人質は全員死亡が確認された）。このため、ジャカルタのシンクタンク、インドネシア戦略国際問題研究所（CSIS）で予定されていた演説も取りやめとなってしまったのだ。

このときの演説の原稿は、外務省と首相官邸のウェブサイトに掲載され、いまでも閲覧することができる。そのこと自体が演説の重要性を示していると言えるが、ではどのような内容だったのだろうか。

原稿では、日本が二〇世紀後半以来、海洋国家として海の安全は自国の安全と考え、アメリカとの同盟および海洋アジアとの関係の強化という二つの取り組みに力を注いできたと指摘されていた。そしてアメリカが「インド洋から太平洋へかけ二つの海が交わるところ（中略）へ重心を移しつつあるとき、日米同盟は、かつてにも増して、重要な意義を帯びてまいります」とつづく。

次いで、「二つの大洋を、おだやかなる結合として、世の人すべてに、幸いをもたらす場と成すために、いまこそ日米同盟にいっそうの力と、役割を与えなくてはならない」と訴えている。日米同盟強化の文脈としてではあるが、「インド太平洋」と同様の捉え方をしているのである。

その上で、原稿では日本外交が立脚すべき原則として、以下の五つを提起している。

①二つの海が結び合うこの地で、思想、表現、言論の自由といった人類の普遍的価値を追求する。

②われわれにとってもっとも大切なコモンズである海は、力によってではなく、法と、ルールの支配するところでなくてはならない。

③日本外交は、自由でオープンな、互いに結び合った経済を求めなければならない。

④日本とＡＳＥＡＮのあいだで、文化のつながりがいっそう充実するよう努めていく。

⑤未来を担う世代の交流を促進する。

（傍点筆者）

「インド太平洋」という表現こそないが、キーワードをつなげれば、「自由で開かれ、ルールにもとづく、結びついた二つの海」というビジョンが浮かび上がってくる。

ジャカルタは、奇しくもこの年の一〇月に中国の習近平主席が「二一世紀海上シルクロード」を提唱する場所だ。もし安倍総理の演説が行われていたら、中国に先んじて日本のインド太平洋戦略が展開されていたかもしれない。

一方で、そう簡単な話でもない。このときの関係国の状況は、二〇一七年以降とは異なっていたからだ。構想を進めるためにはアメリカの支持取り付けが必須になるが、このときはオバマ政権下だった。インド太平洋に関するクリントン国務長官の発言が注目を集めていたとはいえ、対中関与政策がまだ生きているなかで、果たして賛同が得られただろうか。

インドの対応も、違ったものになっていたかもしれない。モディ政権が発足するのは二〇一四年五月のことで、一三年の時点ではインド国民会議派主導のマンモーハン・シン政権だった。国境問題で関係がギクシャクすることもしばしばあった一方で、国民会議派と中国共産党の交流が行われるなど、中国は「パートナー」として位置づけられていた。

とすると、二〇一六年の演説と内容は共通していても、日本だけが前のめりになり、構想は広がりを欠くことになっていたかもしれない。米印の国内政治の状況もさることながら、「一帯一路」という巨大なイニシアチブが大々的に展開されるなかで「自由で開かれたインド太平洋」が打ち出されたことで、求心力が増したという側面もある。外交にかぎったことではないが、物事にはタイミングが重要ということを痛感させられる一件だった。

日本外務省のイニシアチブ

ＦＯＩＰ戦略は、日本外交の中核としての位置を占めるようになっていった。

二〇一七年の『外交青書』では、「自由で開かれたインド太平洋戦略」が「特集」として取り上げられた。そこでは、同戦略が安倍政権の「地球儀を俯瞰する外交」と「積極的平和主義」をさらに発展させたものと位置づけられるとともに、「アジアと中東・アフリカの『連結性』を向上させることで、地域全体の安定と繁栄を促進していく」と説明された。具体的な協力分野としては、インフラ整備、貿易・投資、ビジネス環境整備、開発、人材育成が列挙された。アフリカ諸国に「開発面に加えて政治面・ガバナンス面でも、押しつけや介入ではなく、オーナーシップを尊重した国造り支援を行っていきます」との記述もあるが、これは中国との差別化を意識した書きぶりに感じられる。
インド太平洋戦略を具体化していく上でのパートナーとしては、インド、アメリカ、オーストラリアが挙げられた。とくにインドについては、東アフリカとの歴史的な結びつきの強さに言及されており、アフリカがこの戦略の中で強く意識されていたことがうかがえる。

さらに、二〇一八年一月二二日には河野太郎外相による国会での外交演説で、六つの重点分野のひとつとして「自由で開かれたインド太平洋戦略」の推進が掲げられた。そこでは、①航行の自由、法の支配等の普及・定着、②国際スタンダードにのっとった質の高いインフラ整備などによる連結性の向上等を通じた経済的繁栄の追求、③海上法執行能力の構築支援等による平和と安定の確保が、三本柱として示された。

こうした「自由で開かれたインド太平洋戦略」の形成に重要な役割を担ってきたのが外務省だ。ＮＨＫのウェブ記事シリーズ「ＮＨＫ政治マガジン」によると、次のような「秘話」が紹介されている。

二〇一六年初め、総合外交政策局総務課の市川恵一課長が同局の秋葉剛男局長に対し、日本のプレゼンスを高めていくための一貫したメッセージを発信し、具体的な行動で示していく必要があるのではという問題提起をした。これに賛同した秋葉が立案を指示し、市川らが外務省内だけでなく国家安全保障局や経済産業省はじめ多くの政府関係者との意見交換を重ねていった。ベースになったのは、〇七年の安倍演説「二つの海の交わり」だった。

この結果、インド太平洋戦略を端的に示すための名称案が三つに絞り込まれた。その中から選ばれたのが、「自由で開かれたインド太平洋」だったというわけだ。リストの一番上にあったという。他の二つがどのような表現だったかは明らかではないが、市川は「地域の多様性」や「包摂性」、「法の支配」といった要素を検討したと語っている。

「自由で開かれたインド太平洋戦略」は、アメリカからも支持を受けた。それが明確に示されたのが、二〇一七年一一月一〇日にドナルド・トランプ大統領がベトナムのダナンで開かれたAPEC CEOサミットの場で行った演説だった。トランプ大統領は「インド太平洋のど真ん中に位置するこのベトナムで、この地域の国民とビジネスリーダーに向けて語れるのは大変に名誉なことだ」との言葉で演説を始めた。そして、「『自由で開かれたインド太平洋』というわれわれのビジョンを共有できることを光栄に思う」とも述べた。

さらに「『自由で開かれたインド太平洋』を選ぼうではないか」と呼びかけて、演説を締めくった。

これはアメリカの自発的な選択というよりは、日本側の熱心な働きかけの結果だった。トランプ演説を前に、日本外務省や国家安全保障局の幹部がホワイトハウスの要路にFOIP戦略について繰り返し説明を行ったという。

FOIPに対するアメリカの支持は、バイデン政権でも受け継がれた。二〇二二年二月に公表された「インド太平洋戦略」ではアメリカがインド太平洋で追求していく五つの目的が掲載されているが、一番目に挙げられていたのは「自由で開かれたインド太平洋の推進」だった。

ただ、目立たないが重要な調整も行われた。二〇一六年の発表以来、FOIPは「戦略」とされてきた。しかし、一八年頃からこの「戦略」の部分が消えたのだ。以降、「構想」や「ビジョン」といった言葉も付かず、単に「自由で開かれたインド太平洋」と称されている。

この背景には、「戦略」という言葉を使うと中国への対抗、さらに言えば「中国封じ込め」的なイメージを惹起しかねず、ASEANのように日米だけでなく中国とも密接な関係にある国々は抵抗感を抱いてしまうという認識が大きくなっていったことがあるようだ。

実際、「ＦＯＩＰ戦略」は中国の「一帯一路」の対抗策として位置づけられることが多かった。対抗か協調かは別として、インド太平洋戦略を立案していくなかで中国の台頭は重要なファクターのひとつだっただろう。航行の自由や国際法の尊重といった河野外相が示した三本柱も、中国の海洋進出が念頭にあるのは間違いない。ただ、だからと言ってＦＯＩＰを「対抗」の文脈で意識させることは得策ではない。「戦略」の削除が決め手だったかどうかは定かではないが、ＡＳＥＡＮは一九年六月に「ＡＳＥＡＮインド太平洋アウトルック」を発表した。インド太平洋でＡＳＥＡＮが「中心的かつ戦略的な役割」を担うことに加え、平和や自由、繁栄の維持、国際法の尊重や航行の自由といったＦＯＩＰと共通する方向性が示された。

どうしても必要だったインドの支持

　ＦＯＩＰを推進していくなかで、アメリカと並んで重要なターゲットと位置づけられたのがインドだった。「インド太平洋」にインドの支持がなければ、看板倒れになってしまいかねない。しかし、アメリカ以上にインドは手強い相手だった。インドは特定の国と正式な同盟関係を結ばないのを外交の基本方針としている。第一章でも触れたように、旧ソ連・ロシアとの関係も深い。中国とは国境問題を抱える一方、経済面での依存や新興国としての国際場裏での共闘もあり、対立一辺倒では説明できない。

日本は早い段階からインドにもＦＯＩＰへの賛同を働きかけてきた。

二〇一六年一一月のモディ首相訪日時に発表された日印共同声明では、安倍総理がＦＯＩＰ戦略について説明し、モディ首相は同戦略の下での日本のより大きな関与を評価したことが記された。このとき日本はインドが「アクト・イースト」政策を通じてインド太平洋地域に積極的な関与を行っていることを評価しており、ＦＯＩＰとの連携の可能性を示唆している。

こうしたなかで大きな意味を持っていたのが、首脳間の個人的信頼関係だ。安倍総理とモディ首相が初めて顔を合わせたのは、二〇〇七年四月の訪日時だった。当時、モディはインド西部グジャラート州の州首相として経済面で実績を挙げていたが、〇二年に州内で発生した宗教暴動の対応をめぐり米英などからの批判がくすぶっていた。躍進著しいとはいえインドの一地方のトップにすぎない政治家との会見に総理が応じるのは異例のことだった。だが、日本外務省関係者がモディの将来性を説明し、実現に至ったという話を筆者は聞いたことがある。

州首相時代のモディは、二〇一二年七月下旬にもう一度訪日している。州政府高官やビジネス関係者を帯同して、日本側政財界の関係者との会談や投資セミナーへの出席が目的だったが、安倍とも再会している。このとき日本は民主党政権で、自民党は下野していた。安倍は九月下旬に総裁に選出されるが、モディ訪日時はまだ総裁選への出馬も表明していなかった。お互い雌伏の時期に関係を育んでいったことは、両者が国の舵取りを担う立場になったとき、他の指導者にはない信頼として活きていった。

モディ首相は、二〇二二年七月九日に自身の公式サイトに掲載した「My Friend, Abe San」と題した投稿の冒頭で、凶弾に倒れた安倍氏を追悼するとともに、〇七年の会談について「最初の出会いから我々の友情は役職や公的な外交儀礼の束縛を超えたものとなりました」と振り返っている。

FOIPに話を戻そう。

二〇一六年一一月には、モディ首相が訪日した。この訪問では、日印原子力協定の署名が行われたことが注目を集めたが、それとは別に重要な働きかけが行われていた。両国首脳が東海道新幹線に試乗した際、安倍総理が国家安全保障局作成の世界地図をモディ首相に示し、ギリシャのピレウスやスリランカのハンバントタをはじめとする各地の港湾で中国の進出が強まっていることを説明したというのだ。これを報じた『朝日新聞デジタル』の記事によれば、日米豪印の枠組み構築でインドにも足並みを揃えるよう強く促すことが意図にあったとされる。ただ、この時点では後述するクアッドはまだ構想段階だったことから、FOIP戦略への賛同を得たいというねらいが強かったのかもしれない。

インドから見たインド太平洋

インド自身からも「インド太平洋」に対するアプローチが示された。二〇一八年六月一日にシンガポールで行われたイギリスの国際戦略研究所（IISS）主催の「シャングリラ戦略対話」で、モディ首相は基調演説を行った。そこで、インド太平洋に対するインドのビジョンとして、「自由で、開かれ、包摂的（inclusive）な地域」を支持するという発言がモディ首相から出た。

ここでカギとなるのは、FOIPに加えて「包摂的」が加わっている点だ。外交は言葉のひとつひとつが重要な意味を持つ。ひとつの形容詞でさまざまなメッセージを伝えようとするのだ。モディ首相はこのあと、「この地域におけるすべての国々、それにこの地域に利益を持つその他の国も含む」と補足している。

また、二〇一七年九月に安倍総理が訪印した際の共同声明のタイトルは、「自由で開かれ、繁栄したインド太平洋に向けて」となっていた。こちらは「繁栄（prosperous）」が加わっている。

この二つからは、インド太平洋構想は排他的であってはならず、軍事的連合ではなく経済的な繁栄を追求する広範な取り組みであるべきとの認識をインドが抱いていることがうかがえる。より直截に言えば、中国とロシアの存在を念頭に置いて、両国との関係を悪化させるものではないというメッセージを送りたかったのだろう。

これまで見てきたように、日本も「戦略」の語を外すことでFOIPが対中包囲網ではないことをアピールしようとはしてきたが、インドも独自のこだわりがあり、受け止め方に微妙な差異があることは覚えておくべきだろう。演説でモディ首相はこうも言っている――「インドはインド太平洋地域を、戦略とも限られたメンバーによるクラブとも見なしていない」。

オーストラリアも、インド太平洋構想をめぐり異なる表現をしていた。同国外務省が二〇一七年に発表した外交政策白書では、インド太平洋を扱う章が設けられていたが、タイトルは「安定し繁栄するインド太平洋」となっていた。そこでは、米豪同盟を自国の「安全保障の中心であり、戦略および防衛面での中核に位置している」とする一方で、中国との包括的戦略的パートナーシップの強化も「不可欠（vital）」とされていた。

また、二〇一七年一月に安倍総理が訪豪した際の共同プレス発表でも、ターンブル首相はＦＯＩＰ戦略についての安倍総理の説明に謝意を表したものの、両国として協力していくのは「平和的で安定したインド太平洋地域」とされた。

「安定」や「繁栄」、「平和」はいずれもＦＯＩＰの目指すところと重なるものであり、日本と大きな溝があるとは言えないだろう。ＦＯＩＰが打ち出された初期の頃は、日本と関係各国のあいだで合意形成を図っている段階だったという側面もある。インド太平洋の位置づけをめぐり、どこまで各国とすり合わせができるかは、まさに外交の腕の見せ所だ。オーストラリアについて言えば、二〇二二年一〇月に発表された日豪安全保障共同宣言では、両国が「自由で開かれたインド太平洋への揺るぎないコミットメントを確認する」ことを表明している。

「クアッド」に向けた胎動――日米豪印の連携

日本のイニシアチブで始まったＦＯＩＰが浸透していく過程で、もうひとつの新たな取り組みが始動しようとしていた。日米豪印四か国による枠組み、いわゆる「クアッド」である。

安全保障を中心とする協力が注目されるクアッドだが、その原点が災害協力にあったことはあまり知られていない。二〇〇四年一二月二六日、スマトラ島沖で巨大地震が発生した。マグニチュードは九・〇。東日本大震災のマグニチュードも九・〇だったことを考えれば、いかに大規模な地震だったかがわかるだろう。さらに、震源が海底だったことから大津波が発生し、インド洋沿岸国に甚大な被害をもたらした。地震と津波による死者数は二二万人以上に上り、被害総額は一〇〇億ドル近くと言われ、観測史上最悪の自然災害となった。

未曾有の大災害を受けて、国際社会の支援が急務となったが、世界各国や国際機関にその呼びかけを行ったのが日米豪印四か国によるコア・グループだったのだ。だが、その後二〇〇七年に事務レベルで四か国の会合が行われたものの、継続的なフォーマットにはならなかった。

当初、日米豪印よりも先行していたのは「日米印」や「日米豪」、「日豪印」といった三か国の枠組みだった。とくに日米印は二〇一五年九月にニューヨークで第一回外相会合を開き、インド太平洋地域で三か国の関心と利益が一致しつつあることに加え、「南シナ海を含め、国際法及び紛争の平和的解決、航行及び上空飛行の自由、並びに阻害されることのない法に従った通商活動の重要性」（傍点筆者）を強調した。名指しは避けているが、南シナ海に言及していることで中国を念頭に置いていることは明らかだった。また、後のＦＯＩＰ戦略でも示されている内容がすでに議論されているという点でも、この会合は重要だった。

二〇一八年一一月末にアルゼンチンの首都ブエノスアイレスでＧ20が開かれた際には、日米印による初の首脳会談が実現した。このとき興味深かったのはインドの対応だ。モディ首相が、三か国の頭文字をつなぐと「ＪＡＩ」となるが、これはヒンディー語で「勝利」を意味すると説明してみせるなど、積極的な姿勢を示した。ところが、同じ日にモディ首相は習近平主席やプーチン大統領とともに「中印露」（ＲＩＣ）の首脳会談にも出席したのである。このとき日本では日米印のほうばかりに注目が集まっていたが、中印露という、いわば「裏番組」があったことは見過ごされがちだった。

安倍総理、トランプ大統領、モディ首相は二〇一九年六月に大阪でＧ20が開催された際にも会談した。日本外務省の発表では、「自由で開かれたインド太平洋の維持・推進における三か国の協力が極めて重要な意義を有することを改めて確認した」とされている。インド側は、会談に同席したゴーカレー外務次官がメディアブリーフィングで、コネクティビティやインフラ、平和と安全の確保といった観点からのインド太平洋が主要な議題だったと説明した。なお、このときもモディ首相はRIC、さらにはBRICSの枠組みで行われた首脳会談にも出席していた。

コロナ禍で実現したクアッド首脳会合と四か国海軍演習

「日米豪印」の枠組みで連携が深まっていくのは、二〇一七年一一月以降のことである。まず外務省局長級で協議が再開され、一九年九月と二〇年一〇月に外相会合を開催するまでになった。

こうした流れが、二一年三月一二日に初の首脳会合として結実した。新型コロナウイルスのパンデミック下だったためオンライン形式ではあったが、バイデン大統領の呼びかけに菅義偉総理、モディ首相、オーストラリアのモリソン首相が応じた。会議後に発表された共同声明「日米豪印の精神」では、四か国が「自由で開かれ、包摂的で健全であり、民主的価値に支えられ、威圧によって制約されることのない」インド太平洋地域に向けて尽力するとし、「安全と繁栄を促進し、脅威に対処するために、国際法に根差した、自由で開かれ、ルールに基づく秩序を推進することに共にコミットする」とした。ここでも、「法の支配、航行及び上空飛行の自由、紛争の平和的解決、民主的価値、領土の一体性」といった中国を念頭に置いた原則への支持が表明された。詳しくは第五章で扱うが、新型コロナウイルスのワクチン生産と供給に関して四か国が協力していく「ワクチンパートナーシップ」も発表された。

二〇二一年九月二四日には、ワシントンで対面によるクアッド首脳会合が開かれた。二〇二二年二月二四日にロシアがウクライナに侵攻すると、日米豪印は三月三日にオンライン形式で緊急の首脳会議を行った。だが、四か国の足並みが完全に揃ったわけではなかった。岸田文雄総理が、ロシアの侵略は「力による一方的現状変更の試み」であり、ロシアを「厳しく非難する」という姿勢を示した。しかし会議後には短い共同発表がリリースされただけで、その内容もウクライナでの紛争と人道危機に関する言及がある一方、侵攻したロシアについては一切触れられていない、不自然なものだった。ロシア非難をめぐり、日米豪とインドの間に見解の相違があったためだろう。

この点は、二〇二二年五月二四日に東京で開かれた対面形式のクアッド首脳会合でも変わらなかった。東京会合の共同声明には、ウクライナ紛争に関連し、「国際秩序の中心は国連憲章を含む国際法及び全ての国家の主権と領土一体性の尊重である」とし、「全ての国が、国際法に従って紛争の平和的解決を追求しなければならないと強調した」との文言が並んだ。これらと反対の行動をとっているのがどこの国かは自明だが、やはり名指しすることはなかった。

ただ、だからと言ってクアッドに価値がないということにはならないだろう。日米豪とて、国連安保理での対応からもインドの姿勢は予想していたはずだ。それでもインドがクアッドに参加すること自体に意義があるのであり、クアッドとしてロシアへの強硬姿勢を強めようとすれば、インドは離れていきかねない。

たしかにロシアのウクライナ侵攻は重大な問題だが、中国を念頭に置いた連携強化をおろそかにするわけにはいかない。感染症対策や気候変動といったグローバルな課題での協力も急務だ。さらに、第五章で取り上げるように、東京会合では半導体や宇宙といった近年急速に戦略的重要性を増しつつあるテーマについても議論されており、クアッドが連携の幅を拡大しようとしている点も見逃せない。まずＦＯＩＰがあり、その実現を図る国家間の枠組みとしてクアッドを継続・発展させていくことが今後も日本外交の重要なテーマになっていくだろう。

首脳や外交当局の協議と並行して、安全保障面でも日米印の連携が進んでいた。「マラバール演習」である。この演習は元々インド海軍とアメリカ海軍の合同演習として一九九二年に始まり、二〇〇二年からは毎年実施されている。

マラバール演習が注目されたのは、二〇〇七年だった。印米に日本、オーストラリア、シンガポールが加わり五か国の合同演習としてベンガル湾で実施されたのである。「クアドリラテラル（クアッド）」どころか、「ペンタゴナル」だったのだ。だが、さすがにこれは中国の強い反発を招いた。自国に対する軍事的包囲網と捉えたのである。中国に配慮したのか、翌〇八年の演習は印米だけの参加という元の形式に戻った。

しかし、二〇〇九年には日本の海上自衛隊が再度参加し、場所も初めて日本の沖合で実施された。一四年以降日本は毎年参加するようになり、さらに二〇年にはオーストラリアも一三年ぶりに参加したことで、「日米豪印」の合同演習となった。

演習の内容は年によって変わるが、直近の二〇二二年のケースを見てみよう。このときは一一月八日から八日間、日本の関東南方の太平洋上で実施された。海上自衛隊からは「ひゅうが」はじめ護衛艦三隻、輸送艦、補給艦、潜水艦各一隻、哨戒機一機など、アメリカ海軍からは空母「ロナルド・レーガン」や巡洋艦、駆逐艦など、インド海軍からはフリゲート艦「シヴァリク」や対潜コルベット艦など、オーストラリア海軍からはフリゲート艦や補給艦などがそれぞれ参加して、対潜水艦戦やヘリコプターの発着艦訓練が行われた。また、マラバール演習開始から三十周年という節目にあたることから、四か国の参謀長（日本は海上幕僚長）による懇談も開かれ、制服組の信頼醸成の場にもなった。

英仏独が「インド太平洋」に関心を強める理由

「インド太平洋」という新たな地理的概念が定着していくにつれて、日米豪印やASEANだけでなく、ヨーロッパも関心を示し始めた。主要国の対応を外交と防衛に分けて、見てみよう。

ヨーロッパ主要国で最初にインド太平洋を外交政策の中に位置づけたのはフランスだった。二〇一七年に発足したマクロン政権は、自国を「インド太平洋パワー」と位置づけてインドやオーストラリアなどへの関与を増大させてきた。こうした積極姿勢の背景には、インド太平洋における「当事国」であるとの認識がある。二二年に発表された「フランスのインド太平洋戦略」の冒頭でマクロン大統領が指摘しているように、この地域に持つ海外領土に一六〇万人以上のフランス国民が住んでいることに加え、自国の排他的経済水域（ＥＥＺ）の四分の三がインド太平洋にあるためだ。フランス軍が七〇〇〇人以上の兵力で展開しているという。これに対し、日本も二一年デリーでインド有力シンクタンクＯＲＦおよび在インド・フランス大使館とインド太平洋をテーマとしたワークショップを開催するなど、協力可能な分野を見出し、連携を深めようとしている。

ドイツも二〇二〇年九月に「インド太平洋についてのガイドライン」を発表し、地理的にも分野的にも関与を多様化させていくとの方針を示した。一年後の二一年九月に発表された「インド太平洋ガイドラインの一年：レビュー」では、戦略的・安全保障政策的パートナーシップの強化や経済活動の多様化および強化に加え、気候変動問題での協調というドイツ国内で関心の高いテーマを扱っている点が興味深い。

イギリスは二〇二一年三月に発表した「安全保障・防衛・開発・外交政策統合レビュー」で、「インド太平洋においてもっとも広範かつ統合されたプレゼンスを持つヨーロッパのパートナー」となるべく、同地域への「傾斜（tilt）」を強めていくとした。

防衛面では、英独仏とも二〇二〇年から二一年にかけてインド太平洋での活動に相次いで着手した。

ここでも最初に動いたのはフランスだった。二〇二〇年九月から「マリアンヌ」ミッションを開始し、攻撃原子力潜水艦「エムロード」と海洋支援艦「セーヌ」がインド太平洋で海上警備活動を行った。南シナ海も航行しており、中国の同海域進出に対する牽制と見られる。翌二一年五月には、インド太平洋で日米豪とともに多国間演習「ジャンヌ・ダルク」を行い、相互運用性の強化に取り組んだ。

イギリスは二〇二一年九月に空母「クイーン・エリザベス」を旗艦とする空母打撃群がインド太平洋に展開し、日米などと共同訓練を行った。これとは別に、リバー級哨戒艦二隻がインド太平洋での五年間の任務を行うべく派遣されており、長期的にコミットしていく姿勢を示している。インド洋のちょうど中央に位置するディエゴガルシア島はアメリカ海軍の基地があることで軍事的要衝となっているが、この島を含めチャゴス諸島を領有しているのはイギリスであることもこうした活動の背景にありそうだ。

ドイツ海軍もフリゲート艦「バイエルン」を二〇二一年八月に半年あまりの日程でインド太平洋に派遣し、海上警備活動や日本の海上自衛隊等との共同訓練を行った。一一月五日には「バイエルン」が東京国際クルーズターミナルに寄港したが、同国海軍艦艇の日本寄港は約二十年ぶりだという。ドイツは海軍だけでなく空軍も、二二年八月にオーストラリアで多国間軍事演習に参加したほか、九月にも日本国内で航空自衛隊と共同訓練を行った。

こうした動きに加えて、ＥＵとしても「インド太平洋地域における協力のためのＥＵ戦略」を二〇二一年四月に公表した。ただし、主要国間で足並みが揃っていない部分もある。その最たるものは、米英豪が二一年九月中旬に「ＡＵＫＵＳ」を結成した際に浮上した問題だ。この連合は安全保障やインテリジェンスで三か国が連携を深めていくものだが、オーストラリアが米英との共同開発で原子力潜水艦を保有するという内容にフランスは大きな衝撃を受けた。というのも、それまでオーストラリアはフランスと通常動力型の潜水艦一二隻を共同開発するとしていたが、この約束が破棄されてしまったからだ。フランスのル・ドリアン外相はこれに対し「裏切りにほかならない」と強い表現で不快感を露わにした。

バイデンが進める「インド太平洋経済枠組み」

ＦＯＩＰの構想を主に外交・安全保障面で実現を図るのがクアッドだとすれば、経済面での実現に取り組む枠組みも必然的に求められてくる。その回答としてアメリカが示したのが、バイデン大統領の肝煎りで立ち上げられた経済圏構想「インド太平洋経済枠組み」（ＩＰＥＦ）だ。

ＩＰＥＦは、二〇二二年五月、東京でのクアッド首脳会合の前日にハイブリッド形式で首脳級会合が行われた。参加したのは、対面ではバイデン大統領、岸田総理、モディ首相が、オンラインではオーストラリア（外務貿易省準次官が出席。アルバニージー首相は就任直後のためクアッド首脳会合から対面で参加）、ニュージーランド、韓国、シンガポール、タイ、マレーシア、インドネシア、ベトナム、フィリピン、ブルネイ。このときは間に合わなかったが、五月下旬にフィジーも加わり、計一四か国となった。

ここで発表された共同声明では、繁栄に向けたインド太平洋経済枠組みを設立するためのプロセスを立ち上げるとし、経済の強靭性、持続可能性、包摂性、経済成長、公平性、競争力の向上を目的に掲げた。その上で、①貿易、②サプライチェーン、③クリーンエネルギー・脱炭素化・インフラ、④税・腐敗防止という四つの柱を設定したことが明らかにされた。

ＩＰＥＦの次のステップは、「四本柱」の中身について協議を進めていくことだった。二〇二二年七月下旬にオンライン形式で開かれた閣僚級会合では、「四本柱」の範囲について議論が行われた。日米や米韓など、二国間でも協議の中でIPEFが取り上げられた。

どれも一見地味な会合や協議に見えるが、この過程で交渉テーマの調整が行われたようだ。同年九月上旬にロサンゼルスで対面による閣僚級会合が開かれ、四つの柱ごとに閣僚声明が発表されたのだが、テーマについては一部で五月の首脳級会合から微妙な変更があったのだ。③の「クリーンエネルギー・脱炭素化・インフラ」が単に「クリーンエコノミー」になり、④の「税・腐敗防止」は「公正な経済」に名称が変更された。とくに前者については、IPEFの役割として期待されたインフラがテーマからなくなり、閣僚声明の文中に三回言及されただけで、後退したという印象は否めなかった。「脱炭素化」が落ちたことも、参加国の間で見解に隔たりがあることをうかがわせた。

一二月にはブリスベンで第一回IPEF交渉官会合が開かれ、アメリカから示された貿易をはじめ各分野についての文書をもとに交渉が行われた。同月にはオンラインで閣僚級会合が再度行われ、可能なかぎり迅速に交渉を進めていくことを確認した。期限は示されていないが、アメリカはスピード感を重視して交渉を進めようとしている。

ただ、IPEFには苦肉の策という側面もある。旗振り役のアメリカについて言えば、本来であればTPPのほうが参加国間の経済統合という点で優れている。しかし、TPP

から脱退したトランプ政権からバイデン政権になっても、復帰すべしという議論は出ていない。そこで、ＩＰＥＦという別のフォーマットが用意されたのではないだろうか。実際、一四の参加国のうち、日本、オーストラリア、ニュージーランド、マレーシア、シンガポール、ベトナム、ブルネイの七か国はＴＰＰにも参加している。

とくに関心が高い「貿易」についても、アメリカの対応が波乱要因になりそうだ。九月の閣僚級会合を受けて発表された閣僚声明では、労働、環境、デジタル経済、農業、透明性と良き規制慣行、競争政策、貿易促進、包摂性、技術支援と経済的協力という九つのテーマが取り上げられていた。一見幅広い分野をカバーしているように映るが、重要なテーマが抜け落ちている――「関税」だ。これは、交渉を主導するアメリカが意識的に含めなかったことによる。関税が関わる内容の国際協定には連邦議会の承認が必要になるが、ＩＰＥＦは関税を扱っていないので、協定がまとまった際に議会を通す必要はないという対応がとれるからだ。しかし、上下各院の超党派議員団は一二月に書簡を大統領に送り、議会承認は必要との見解を示している。

二〇二二年一一月の中間選挙の結果、上院は与党・民主党が過半数を維持したものの、下院では共和党が多数を占める「ねじれ議会」となった。共和党は二四年の大統領選をにらみバイデン政権への攻撃を強めることが予想されるだけに、ＩＰＥＦ協定の議会承認をめぐっても激しい綱引きが展開されそうだ。

いずれにしても関税が交渉項目に入らなかったことで、今後の交渉のハードルが低くなることはたしかだった。だが、一か国だけ貿易分野の交渉参加を見送った国がある――インドだ。国内産業保護を重視する観点から、インドは貿易をめぐる国際交渉には是々非々の立場で臨んできた。ＲＣＥＰ交渉が大詰めに入っていた二〇一九年一一月に、それまで参加していたインドが離脱したことはその表れだった。ＩＰＥＦには中国が入っていないのでＲＣＥＰの時とは状況が異なるとはいえ、日米豪を含む大規模な貿易圏につながり得るだけに、インドはメリットとデメリットを慎重に見きわめようとしているように見える。

この問題をめぐっては、各国は四つの柱ごとに交渉に参加するか否かを選べるという、ＩＰＥＦならではのフォーマットが奏功したことも記しておくべきだろう。実際には他の一三か国は四つすべての交渉に参加しており、インドだけが貿易を除く三分野の参加に留まった。もしこれが四分野一括で交渉への参加の是非を判断しなくてはならないとしたら、はたしてインドは参加を決めていただろうか。仮に「ノー」だとすれば、協議が始まったばかりのＩＰＥＦが途端に求心力を失うことになりかねない。ここでもインド参加が重要なファクターだったことが見て取れる。

「インド太平洋」は禁句――中国の拒絶

一方、中国はインド太平洋における日米豪印の連携強化に反発を強めている。
二〇二二年五月二二日、王毅国務委員兼外交部長は、パキスタンのビラーワル・ブットー外相との共同記者会見で、アメリカのインド太平洋戦略を一蹴した。同戦略に対し世界、とりわけアジア太平洋諸国からの警戒と懸念が日増しに強まっている、これは「アジア太平洋」の名を抹消しようとするだけでなく、数十年来にわたり域内各国がともに努力して作り出してきた平和的発展の成果とその流れを抹消しようとするものである、というのだ。王毅国務委員は、さらに次のような三国時代の魏帝・曹髦の有名な言葉を付け加えた。「司馬昭之心、路人皆知（司馬昭の心は通りすがりの人でも知っている）」――野心を抱く者の企みは誰の眼にも明らかである、という意味だ。

この王毅発言に限らず、中国政府はそもそも「インド太平洋」（中国語では「印太」）という言葉自体を受け入れていない。いまでも「アジア（亜州）」もしくは「アジア太平洋（亜太）」なのである。それは、本章前半で見てきたように「インド太平洋」が主に日米豪の戦略的思考の中で形成された地理的概念であり、中国と対抗するための足場になっていると受け止めたからにほかならなかった。「印太」を採用すれば、相手の土俵に乗ってしまうことになる。使って良いのは批判的な文脈だけだった。

ところが、二〇二二年末になって「例外」が出てきた。韓国の「インド太平洋戦略」に対する論評である。同年一二月二八日に韓国の「自由・平和・繁栄のインド太平洋戦略」と題した最終報告書が発表されると、中国メディアは前向きな捉え方で報じた。あれほど「印太」を忌避してきた中国に何が起きたのか。

それは、韓国のアプローチが中国にも配慮したものだったからだ。『中国網』評論員の楽水は、「アメリカや日本、カナダ等による『インド太平洋戦略』とは異なり、韓国の『インド太平洋戦略』は『中国脅威論』を声高に叫ぶことも中国を仮想敵国と見なすこともせず、中国との協力維持をとくに強調し、中国をインド太平洋地域で繁栄と平和を実現する主要協力国と認識している」として、「韓国のこうした表明は図らずも中国の立場と一致している」と肯定的に評価している。

上海対外経済貿易大学教授で同大朝鮮半島研究センター主任の詹徳斌も、「韓国の『インド太平洋戦略』の中国に関する記述には積極的な部分があるのは間違いない」と捉えている。

また、韓国は「『開放的な自由貿易』を支持し、『過度に経済問題を安全保障問題化すること』に反対し、『包容力のある』地域および国際秩序の構築を支持している」とした上で、これらは「この地域におけるメンバー国の共通の声であり、韓国が今後の実践過程で堅持していくことを期待する」との見方も示している。

韓国の「インド太平洋戦略」に中国への配慮があるのはたしかだ。だが、中国が言うほど「中国寄り」でもない。日米と同様に、「力による現状変更への反対」や「南シナ海の平和と安定」、「航行および上空飛行の自由」といった要素にもしっかりと言及するなど、名指しはせずとも中国を念頭に置いた文言が並んでいる。中国側もその点は見過ごしていないだろう。それでもなお識者の肯定的な論評が掲載されるのは、中国が韓国を切り崩しの対象と位置づけ、日米との間にくさびを打とうとしているものと見られる。

コラム③　インド北東部と日本——インパール作戦の舞台から開発の焦点に

インドは「多様性の国」だと言われる。北インドと南インドでは文化も食事も気候も大きく異なるし、西部や東部でも他にはない特徴がある。だが、北東部ほどインドの中で違いが際立っている地域はないだろう。

北東部は、アッサム、アルナーチャル・プラデーシュ、マニプル、ナガランドなど八つの州の総称だ。北は中国やブータンと、東はミャンマーと、南西はバングラデシュと国境を接している。一四億という母数の中では必ずしも多くはないものの、人口は北東部全体で約五〇〇〇万人に上る。各州でもさまざまな民族がいるので一括りにはできない部分もあるが、総じてインドの他の地域よりも、東南アジアや東アジアに近い。ミャンマーと国境を接している州では、日本人とよく似た顔立ちの人びとも多く見かける。

日本にとって、インド北東部は特別な意味を持つ地域である。一九四四年に日本軍がビルマ（現ミャンマー）から国境を越えて北東部の軍事拠点であるインパール攻略を目指した、「インパール作戦」がこの地で展開された。第一五軍司令官だった牟田口廉也中将の独断専行、希望的観測にもとづく作戦計画、補給の途絶や感染症の蔓延《まんえん》、遅すぎた撤退の決断などから「無謀な作戦」の代名詞になっている、あの作戦だ。緒戦こそ順調に進んだが英印軍の反撃を受け、モンスーンによる豪雨にも連日見舞われるなか、日本軍と友軍・インド国民軍の数多くの将兵が命を落とした。撤退路には遺体が放置され、「白骨街道」と呼ばれた。

一方のイギリス軍（英印軍）にとっても、これは「絶対に負けられない戦い」だった。インパールはじめ北東部の軍事拠点は背後に広がるインドを守る防波堤だった。そこで、あえてインパールに日本軍を引き込み、補給線が伸びきったところで反撃に転じるという作戦をウィリアム・スリム司令官が立てた。日本軍はその術中にはまってしまった格好だったが、それでも要衝コヒマを一部占領したほか、各地で激戦を繰り広げた。それゆえに、この戦いはイギリスで「東のスターリングラード」と呼ばれることもあるほどだ。この戦いの詳細については、拙著『インパールの戦い』（文春新書）をお読みいただきたい。

こうした過去を持つインド北東部だが、近年脚光を浴びている。インド独立後、北東部では多くの州で反政府勢力が武装闘争を展開していたこともあり、外国人はおろかインド人にとっても入域には許可が必要な地域だった。それが近年、治安の回復傾向がつづいていることで、状況が変わってきた。モディ政権が進める「アクト・イースト」政策の下、東南アジアへのゲートウェイと位置づけられ、交通インフラの整備が行われているのだ。

筆者が二〇一九年末にマニプル州の州都インパールを訪問した際も、ミャンマーとの国境とインパールを結ぶ国道――アジア・ハイウェイ一号線の一部でもある――を移動時に通ったが、山間部で道路の拡幅作業が行われていたのを目にした。インパールの空港は国内主要都市と結ばれており、日本から行く場合、最短で翌日の昼には現地に到着できるほどアクセスは改善されている。

日本は北東部開発に積極的にコミットし、二〇二二年までに総額二四六〇億円を投じて「北東州道路ネットワーク連結性改善プロジェクト」や森林管理、上水道整備などに取り組んでいる。それは戦時中の経緯だけでなく、現代の文脈でもこの地域が重要な意味合いを持っていることが背景にある。

二〇一七年一二月には、在インド日本大使館とインド外務省によって「アクト・イースト・フォーラム」という協議体が立ち上げられた。初会合で日本側からは、インド北東部は「自由で開かれたインド太平洋」（FOIP）と「アクト・イースト」政策が収斂《しゅうれん》する位置にあり、南アジア・東南アジアとのコネクティビティにおいて重要な地域であるとの認識が示されていた。インドをFOIPに関与させるための要のひとつという位置づけだ。インドと国境問題を抱える中国は手が出せない地域だけに、日本の協力が持つ意味は大きい。ただし、二一年二月にミャンマーで軍事クーデターが発生したことで、インドから東への接続拡大は推進しにくい状況になっている。

二〇一九年一二月には、この北東部が日印関係の焦点になっていた。当時の安倍総理がモディ首相とともにインパールを訪問する計画が進められていたのである。年次首脳会談を北東部アッサム州のグワハティで行い、その後に「インパール平和資料館」を訪ねる予定だった。この資料館は日本財団と笹川平和財団の支援で建

インパール平和資料館では安倍総理を歓迎するパネルが用意されていた（2019年12月筆者撮影）

設されたもので、一九年六月のインパール作戦七十五周年式典に合わせて開館したばかりだった。「インパールの戦い」についてだけでなく、マニプル州の民俗文化を紹介する展示もあり、日本と現地の人びとの相互理解を促す施設だ。

実現すれば、日本の総理として、いや外国の首脳としても初のインパール訪問になるはずだったが、計画は不運に見舞われることになった。ちょうどこのとき、インドで一部の移民に国籍を付与する市民権法の改正をめぐり激しい議論が沸き起こっており、グワハティは抗議活動がもっとも活発に行われている場所のひとつだった。このため、安全面を考慮して安倍総理のインド訪問自体が延期されることになった。当時は現地の状況が落ち着けば近いうちに……という雰囲気だったが、翌二〇年になると新型コロナのパンデミック対応で、それどころではなくなってしまった。過去を忘れず、同時に相互理解にもとづいた未来志向の協力を展開していくための象徴として、日印首脳による現地訪問が近い将来に実現することを願っている。

第四章　南アジアでしのぎを削るインドと中国

中国
シガツェ
ラサ
デリー
ネパール
ブータン
カトマンドゥ
グワハティ
インパール
昆明
バングラデシュ
コルカタ
ンド
ミャンマー
ラオス
ヤンゴン
タイ
チェンナイ
ベンガル湾
ベトナム
ベンガルール
カンボジア
アンダマン・
ニコバル諸島
スリランカ
ロンボ
ハンバントタ
マレーシア
シンガポール
インドネシア
インド洋

「一帯一路」とインド開発イニシアチブが拮抗する南アジア・インド洋地

グワーダル——ベールに包まれたパキスタンの港湾都市

二〇一九年二月下旬。筆者はパキスタン・カラチのジンナー国際空港からのバンコク行きフライトの機内にいた。カラチから見れば、バンコクは東に位置する。したがって、アラビア海からインドを横断してベンガル湾、タイへと向かうのが本来の飛行ルートだ。ところが、その日は違った。離陸して間もないとき、座席のモニターで飛行ルートを眺めているとどうやら西に向かっているようだった。窓から外に目をやると、海岸線がまっすぐ伸びていた。マクラン海岸だろう。右側には荒涼としたバローチスタンの大地が見渡すかぎり広がり、左側には青きアラビア海があった。

なぜ反対方向に飛ぶのか、まさか離陸直後にハイジャックというわけでもないだろう——そう訝しがったが、すぐに理由に思い当たった。この月に発生したカシミールでのインド治安部隊に対する襲撃事件が発端となり、インドとパキスタンの関係が極度に悪化していた。そのためフライトの欠航やルート変更による遅延が大量に発生していたのだ。筆者が搭乗していたのはタイ国際航空だったが、パキスタン発のフライトだけに、インド上空の飛行を避けてアラビア海からインド洋に出るルートをとっていた。

しばらくすると、アルファベットのTを逆さまにしたような陸地が海岸線から飛び出しているのが目に入ってきた。それが何であるかは、すぐにわかった——グワーダルだ。パキスタンが中国との協力で整備を進める港湾都市である。

さすがに上空からでは詳しい港湾の状況まではわからなかったが、「ハンマーヘッド」とも言われる独特な地形ゆえに、船舶の停泊地としては理想的であるように見えた。港付近には関連施設と思しき建物を含め市街地があったが、その周りは数本の道路を除けば何もなく、「陸の孤島」という印象を抱いた。Ｇｏｏｇｌｅマップを使えばさらに詳しく見ることが可能だし、筆者もグワーダルにかぎらず活用しているが、生で見ることのインパクトは大きかった。

実は、このときのパキスタン調査旅行では当初グワーダルを訪れる予定だった。グワーダルをめぐっては、中国が軍港化をねらっているのではないかという懸念がくすぶりつづけており、現状がどうなっているのかを見たかったのだ。だが、それまで一部のメディアが現地で取材をしたのを除けば、中国人以外の外国人がグワーダルに入ったケースはかぎられていた。

グワーダルは入域が制限されているので、事前に「ＮＯＣ」と呼ばれる許可証をパキスタン政府に発行してもらう必要がある。共同研究プロジェクトをやっていた研究仲間と筆者は、日程に余裕をもって駐日パキスタン大使館を通じてＮＯＣを申請した。ところが、一向に発行されたという連絡が来ない。しかし、ダメとも言われない。担当官に照会すると、上述した印パ関係の緊張が影響しているようだ、との説明を受けた。トランプ政権でＣＩＡ長官と国務長官を務めたマイク・ポンペオが二〇二三年一月に出した回顧録『一歩も譲らない：愛するアメリカのために戦って』では、当時印パが核戦争寸前だったと記されており、想像以上に状況が緊迫していたようだ。

結局出発までに許可が下りなかったため、カラチでの調査をメインにするかたちに切り替え、有識者からグワーダル開発について聞き取りをすることにした。こうした経緯があっただけに、最後に現地を見ることができたのはひときわ感慨深いものがあった。

中国の支援で進むグワーダル港開発

近年、このグワーダルが戦略地政学的な観点から大きな関心を集めている。それは、この港湾都市が「中国・パキスタン経済回廊」（ＣＰＥＣ）の重要拠点だからだ。そして、ＣＰＥＣは「一帯一路」の中でも旗艦プロジェクトと位置づけられている。

グワーダルが注目されるようになったのは、今世紀に入ってからのことだ。かつては小さな漁村で、一八世紀末からアラビア半島のオマーン（当時はマスカット・オマーン）が飛び地として領有していた。一九四七年にパキスタンが独立した時点でもまだオマーン領のままだったが、五八年に当時の首相フェローズ・カーン・ヌーンが交渉を行い、買い戻す契約をまとめた。費用は五五億パキスタンルピー。現在の価値で二〇億ドルに相当する、とてつもない額だった。そのかなりの部分は、イスラム教イスマーイール派の精神的指導者で、慈善活動家としても名高いアーガー・カーン四世が負担したという。

　パキスタンの有力英字紙『ドーン』が後年掲載した解説記事では、グワーダル購入決断の意義は「アメリカによるロシアからのアラスカ購入に匹敵する」と評している程だ。これは決して大げさな評価ではない。記事では触れられていないがいくつか理由がある。

　まだオマーン領だった一九五四年、パキスタン政府がアメリカ地質調査所にマクラン海岸の調査を依頼したことがあった。その結果、グワーダルが深水港建設に適した場所であることが示されたという。また、当初オマーンは、別の国に売却話を持ちかけていた。その国とは、インドである。だが、ネルー首相はこれを断ったため、オマーンのスルタンは次にパキスタンと交渉し、話がまとまったという経緯がある。もしグワーダルがインド領になっていたら、それはそれで紛争の火種になっていたかもしれないが、インドにとって戦略的に重要な拠点になっていたことだろう。

グワーダル港の開発計画は一九八〇年代後半に持ち上がり、九〇年代に何度か具体化が試みられたが、資金調達のメドがつかなかったため実現しなかった。転機となったのは、二〇〇一年五月の朱鎔基・中国首相によるパキスタン訪問だった。パルヴェーズ・ムシャッラフ大統領がグワーダル港開発の支援を要請し、中国側がこれに応じたのである。この年は中パ国交樹立五〇周年という節目であり、「全天候型友好関係」をさらに強固にしたいとの思いが双方にあった。

パキスタン側の要請を受けて、中国は素早く動いた。二〇〇一年一〇月にはマスタープランが作成され、第一フェーズで三つの多目的バース（貨物の積み下ろしなどを行う船舶の停泊施設）を建設するとした。総工費二億四八〇〇万ドル（後に二億九八〇〇万ドルに上昇）のうち中国は一億九八〇〇万ドルを拠出し、中国港湾建設有限公司が建設作業を担当するとされた。工事の遅れにより完成が当初の〇五年三月よりも大幅にずれ込んだものの、〇八年三月に最初の船舶が入港した。

グワーダル港湾庁が実施した入札公募を経て、シンガポールの港湾運営会社PSAが二〇〇七年一月から港の管理・運営を担うことになった。しかし、バースの追加建設に加え、各種ターミナルや石油精製施設、州都クエッタ等につながる高速道路の建設といった第二フェーズが予定されていたが、このときはいずれも実現しなかった。さらに、グワーダル開発の目玉だった自由貿易区の整備計画も、必要な土地取得ができなかったため実行に移せなかった。この結果、PSAが管理・運営から撤退する事態になった。

しかし、「一帯一路」の始動と前後して、グワーダル港開発に再度はずみがついていく。撤退したPSAに代わって、二〇一三年二月に中国海外港口控股有限公司（中国港控）が港の管理・運営を引き継いだ。一五年四月には習近平国家主席がパキスタン訪問時に国会演説を行い、グワーダル港開発をCPECの重点項目として位置づけた。

二〇一六年一一月一三日にはあらためてグワーダル港の開港式典が行われた。ナワーズ・シャリーフ首相とラヒール・シャリーフ陸軍参謀長という政軍トップが揃って見守るなか、中国遠洋海運集団有限公司（コスコ・グループ）所有のコンテナ船が出港した。その後、港湾そのものの開発にとどまらず、スマートシティ計画の推進、職業訓練施設や中パ友好病院、石炭火力発電所の建設が進められている。中パ両国はこうした民生プロジェクトを前面に押し出すことで、グワーダルが軍事目的に用いられることはないと強調する意図があるように見える。

交通、水、テロ――発展の制約要因

しかし、グワーダルには港湾都市としての発展を制約しうる要因がいくつかある。

もっとも重要なのは、パキスタンの主要都市との接続が限られていることだ。グワーダルから最大の商業都市カラチまでは約六〇〇キロメートル離れており、両都市を結ぶのは一本の道路しかない。グワーダルで船から荷下ろしされた貨物はまずカラチまで運び、そこから鉄道もしくはトラックで国内各地に輸送していくことになる。この状況では、誰もがこう考えるだろう――わざわざグワーダルにせず、設備も整っているカラチ港を使う方が便利で速いのではないか、と。中国からの二億三〇〇〇万ドルの無償資金協力でグワーダル新国際空港建設プロジェクトも進められているが、飛行機は大量の物資を輸送するには不向きだ。

中国にしても、この点は最初からわかっていたはずだ。それでもグワーダルにこだわったのは、商業的利益は度外視して、やはり軍港として活用するとの意図があるのではないかという疑念の根拠にもなり得る。マクラン海岸にはオルマラというグワーダルとカラチの間に位置するパキスタン海軍の港がすでに存在する。だが、グワーダルはペルシャ湾に近く、インドからは離れているという特徴があり、軍事利用の観点からはより優れているという見立ても可能ではある。

ただ、グワーダルのコネクティビティをめぐっては、二〇二二年になって新たな動きが出ている。八月、オマーンの企業がパキスタン投資庁に対しグワーダルと中部の都市ジャコババードの一〇八七キロメートルを結ぶ鉄道建設に関する提案を行ったことが『ＮＩＫＫＥＩ Ａｓｉａ』で報じられた。投資額は二三億ドルに上るという。これとは別に、シンガポール企業から、グワーダルとカラチ近郊の町フブをつなぐ鉄道建設の提案もあるそうだ。フブは中国の支援で建設された石炭火力発電所があることで知られる。だが、仮にこうしたプロジェクトが認可されたとしても、実現までには長い時間を要するだろう。

グワーダルのアキレス腱になりそうなのは、水資源だ。今後、港湾や経済特区を発展させていこうとすれば、産業面でも人びととの生活という点でも水の需要が高まってくる。しかし、グワーダルの年間降水量はわずか九〇ミリ程度でしかなく、近くに川や湖もない。中国の支援で海水を淡水化するプロジェクトもあるが、十分な真水を供給するまでには至っていないようだ。水は都市としての持続可能性にかかわるだけに、必要量の安定供給ができるかどうかは開発の成否を左右することになる。

さらに、中国主導の開発に対する反発も一部で根強い。反政府武装組織「バローチスタン解放軍」（BLA）によるテロがバローチスタン州やカラチで発生しているが、二〇一七年以降はCPECへの抗議として実行されるものが目立っている。

背景には、CPECのプロジェクトが現地で十分な雇用を生み出さず、プロジェクト自体も恩恵をもたらすものにはならないという不満があるようだ。これはBLA以外からも指摘されている点であり、CPEC批判につながっている。政府もそれは意識しているようで、計画開発特別イニシアチブ省内のCPEC庁は、現地の雇用をどれだけ創出しているかをプロジェクトごとに示し、ウェブサイトに掲載するなどして懸念を払拭しようとしている。

グワーダル港のセールスポイントのひとつである「深水港」という点も、状況が変わりつつある。パキスタン英字紙『ネーション』が二〇二二年五月に報じたところでは、以前は一八メートルあった水深が一一メートルになってしまったという。シャバーズ・シャリーフ政権の前のイムラーン・カーン政権下の三年半、グワーダル港の海底に泥が溜まり、それを除去する浚渫《しゅんせつ》作業が行われなかったのが原因と指摘されている。

一般社団法人日本埋立浚渫協会によると、載貨重量が三万トンのコンテナ船でも水深は一二メートル必要であり、世界のスタンダードは一五メートルだという。つまり、一一メートルでは大型コンテナ船がバースに係留できなくなってしまう。ならば浚渫をすれば良いのだが、今度はコストの問題がある。定期的な浚渫が行われていれば低コストで済むが、泥が溜まりすぎてしまうと費用は高額になり、六〇億から七〇億パキスタンルピーはかかる、と政府関係者は説明している。財政危機がつづくパキスタン政府としては追加支出は避けたいだろうし、かといってここでも中国に支援を仰げば、さらに依存度が高まることになる。とはいえ放置すれば、港としての機能を十分に発揮することができなくなる。

第三国の関与も、いまひとつ定まらない。前述したオマーンとシンガポールの企業による鉄道建設提案以外に、過去にはサウジアラビアがグワーダル港の開発に関心を示したことがあった。これは、二〇一九年二月に同国のサルマーン皇太子が訪パした際に二〇〇億ドルの投資計画を示し、うち一〇〇億ドルを投じてグワーダル港に石油精製施設を建設しようというものだった。しかし計画が実行に移されないまま、四年が経とうとしている。グワーダルで石油を精製しても、それを運搬するためのパイプラインがないことが主要な要因と見られている。二二年一〇月頃から計画を再始動させようとする動きはあったが、このボトルネックが解消されるメドが立たなければ、状況は変わらない。

二〇二三年一一月には、「イースト・シー・グループ」なる中国企業がグワーダルに石油精製施設を建設したいという意思を関係当局に伝えていたことが、中国共産党系メディア『グローバル・タイムズ』の報道で明らかになった。四五億ドルという投資額も報じられている。これが本気の計画なのか、それともサウジアラビアの参入を促すための呼び水なのかは定かではないが、石油精製施設はグワーダル港開発のカギを握るプロジェクトになりそうだ。

「一帯一路」の要としての中国・パキスタン経済回廊

ＣＰＥＣは、中国・新疆ウイグル自治区カシュガルからグワーダルまでのおよそ三〇〇〇キロメートルを経済回廊として、道路、鉄道、航空といった交通インフラの整備を軸としつつ、沿線の産業や民生面の開発を進めることで、中パ両国の結びつきと発展を実現しようとする壮大な構想だ。二〇一五年四月の習近平主席によるパキスタン国会での演説では、ＣＰＥＣについて「回廊建設を中心とし、グワーダル港、エネルギー、インフラ整備、産業協力を重点とする『１＋４』協力体制を形成していく」と説明されている。

グワーダル港開発は先行して進んでいたが、それも含めて中パが包括的な経済開発構想に取り組み始めたのは、二〇〇六年だ。このとき署名された「貿易および経済協力に関する五か年開発計画」の中で、パキスタンが「パキスタン・中国　貿易・輸送・エネルギー・産業回廊」を提案し、中国も賛成したとの言及がある。「中パ経済回廊」という名称は、一三年五月に李克強首相が訪パした際の共同声明で初めて登場した。「中パ経済回廊の展望と計画について共同研究を進めていくこと」で両国が一致したとの文言が見られる。この年の後半に「一帯一路」が提起され、構想が具体化していくなかで、ＣＰＥＣは「六大経済回廊」の中でもとくに重視されている。第二章でも触れたように、中国政府のウェブサイト「中国一帯一路網」のトップページで「専題」（特集）として取り上げられているのは、「習近平と一帯一路」、「中欧班列」、そして「中パ経済回廊」であることからも重要度の高さがうかがえるだろう。

その理由は、パキスタンの戦略的位置に見出すことができる。グワーダルは「シルクロード経済ベルト」と「二一世紀海上シルクロード」の結節点に当たる。中国はＣＰＥＣを通じて、海ではアラビア海、ペルシャ湾、さらにはインド洋に出ることが可能になる。中国は石油やガスを輸入に依存しているが、中東からの場合、自国の沿岸部まで運ぶにはマラッカ海峡を通らなくてはならない。この「マラッカ・ジレンマ」を解消すべく、中国はミャンマーと雲南省を結ぶ天然ガスと石油のパイプラインをそれぞれ二〇一三年と一七年に開通させた。二つのパイプラインは「中国ミャンマー経済回廊」（ＣＭＥＣ）の旗艦プロジェクトに位置づけられている。これに加えてパキスタン経由でもパイプラインが開通すれば、リスクを分散できるだけでなく、中国西部へ効率的に石油・ガスを供給することが可能になる。

陸では、パキスタンとの接続を強化するだけでなく、アフガニスタンやイランへのアクセスを改善できるというメリットがある。二〇一七年一二月に発表された「ＣＰＥＣ長期計画」では、二〇三〇年までに「ＣＰＥＣの建設をすべて達成し、持続的な経済成長のための域内メカニズムが機能し、中央アジアと南アジアでの経済成長の加速が全面的に進み、南アジアがグローバルな影響力を持つ国際的な経済圏へと成長する」ことが目標として掲げられている。

中パ経済回廊の実態は

ＣＰＥＣの下ではグワーダル港開発以外にもさまざまなプロジェクトが実施あるいは計画されているが、果たしてこうした目標の達成に近づいているのだろうか。

インフラ整備はＣＰＥＣの中核をなしており、①道路整備、②鉄道網の改善、③グワーダル港開発、④航空といった分野に分かれている。パキスタンＣＰＥＣ庁がウェブサイトで掲載しているリストを見ると、ペシャワール・カラチ間の高速道路建設計画の一部区間やラホールメトロのオレンジライン開通をはじめ多くのプロジェクトが完成もしくは実施中となっている。

一方で、実現が容易ではないプロジェクトもある。代表例はカラコルム・ハイウェイ（ＫＫＨ）の整備計画だろう。ＫＫＨは中国の新疆ウイグル自治区西部から中パ国境のクンジュラブ峠を通り、パキスタン側のパンジャーブ州ハサン・アブダルに至る全長一三〇〇キロメートルのルートだ。なお、「ハイウェイ」と言ってもいわゆる高速道路ではなく、舗装された幹線道路というほどの意味である。

ＫＫＨは国境をはさんで中パを文字通りつなぐ部分であり、ここの交通インフラが整うかどうかはＣＰＥＣの成否を左右する。その点は中パともよく認識しており、ＣＰＥＣの下でもＫＫＨの整備計画がいくつかの区間に分けて進められてきた。だが、クンジュラブ峠に近い区間については、まだ手つかずの状態のままになっている。

その理由は、地理的制約の厳しさにある。筆者は一九九〇年代末、中国のタシュクルガンからクンジュラブ峠を越えてパキスタン側に入り、ギルギット・バルティスタン（旧「北方地域」）のフンザまで下ったことがある。途中の山道は車が最徐行ですれ違うのがやっとの狭さで、当時はガードレールもなく、運転手がハンドル操作を誤れば谷底に転落しかねなかった。実際、そうした事故は後を絶たないという。一帯は相当な高地で、クンジュラブ峠は標高四六九三メートル。こうしたエリアを走る道路の拡張工事は、平地でやるのとはわけが違う。

なお、「クンジュラブ鉄道」建設構想もかつてはあった。中国側からは新疆ウイグル自治区のカシュガルから、パキスタン側からはハヴェリアンからそれぞれ鉄道を延伸し、クンジュラブ峠で接続することが想定されていた。二〇〇九年に実現可能性調査が行われ、その後CPECの大型プロジェクトとして期待されたが、一七年発表の「CPEC長期計画」では言及されていない。さすがに困難という評価だったのか、可能だとしても巨額の費用を要すると見積もられたのだろう。

ペシャワールからカラチまでの鉄道（ML－1）整備プロジェクトも、目玉のひとつだが実現していない。複線化や橋梁の補強・新設、高速化、ドライポート（陸上港）の新設を含む包括的な内容で、パキスタンの鉄道輸送力を大幅に改善すると期待されている。だが、CPEC庁の分類では「長期計画」とされており、着工のメドは立っていない。二〇二二年一一月初旬にシャバーズ・シャリーフ首相が訪中した際の共同声明でも、ML－1プロジェクトの「早期実施に向けたプロセスを前進させることで一致した」と意欲は表明されたものの、正式な合意の発表はなかった。ネックは工費と見られる。パキスタン紙の報道によると、シャリーフ政権の前のイムラーン・カーン政権は六一億ドルでの契約を望んでいたが、中国側は八二億ドルを主張していたといい、事実であれば二〇億ドル以上の開きがあるということになる。

　CPECのプロジェクトの中には完工済みのものも少なくなく、パキスタンに恩恵をもたらしている。パキスタンでは電力不足が深刻で、発電施設の整備が急務だ。この課題に対処すべく、エネルギー分野では、一三二〇メガワットの石炭火力発電所三基、一〇〇〇メガワットの太陽光発電施設、風力発電所四基、水力発電所を含む一二のプロジェクトが完工している（二〇二三年一月時点）。さらに石炭火力や水力など四つのプロジェクトが進行中のほか、別途五件が検討中という。

　情報通信ネットワークの整備も重点協力分野として位置づけられている。中パ間の国際光ファイバーケーブル敷設プロジェクトは、パキスタン部分で八二〇キロメートルに及び、四四〇〇万ドルが投じられた。これによりパキスタン北部で3Gないし4Gの通信サービスが提供可能になった。他にも、民生面や文化面のプロジェクトがCPECの下で実施されており、中パ関係の緊密化に寄与している。

とはいえ、CPECにはさまざまな不確定要素がつきまとう。

ひとつはパキスタンの政情不安だ。ムシャッラフ大統領による軍事政権が形式上は二〇〇七年に終了して以降、軍事クーデターは起きておらず、〇八年からは五年毎に総選挙が実施されてはいる。だが、軍が政治に強い影響力を持っており、文民政権としばしば対立が発生する。二二年四月にはカーン首相が議会で不信任決議を受けて失職するという事態も生じた。政権交代のたびに方針転換も起こる。とくにカーン前政権は政府の歳出を見直し、それに伴いCPECの各プロジェクトでも予算を抑えようとする傾向があった。

また、CPECの実現にどれだけの資金が必要なのか定かでないという問題もある。「CPEC長期計画」でも、二〇三〇年までの総投資額が示されているわけでもない。CPECが提起された当初、総費用は四六〇億ドルと説明されていた。だが、その後、五五〇億ドル、六二〇億ドルとしだいに規模が膨れ上がっている。問題は、この費用を誰が負担するかだ。グワーダルの新空港建設のように無償資金協力のものもあるが、多くは中国側からの融資で賄われている。たとえば、前出のペシャワール・カラチ間の高速道路建設計画の一部区間の費用は約二九億ドルだが、財源は中国からの無利子融資だ。

無利子とはいえ、パキスタン政府はいずれ償還しなくてはならない。だが、パキスタンの財政は危機的状況がつづいており、予定どおりの償還ができなくなる恐れもある。実際、シャリーフ首相訪中を十日後に控えた二〇二二年一〇月下旬、イスハク・ダール財務相が農融・駐パ中国大使と会談し、今後八か月で償還時期を迎える約六三億ドルの債務について、繰り延べや借り換えを要請した。中国側の対応は明らかにされていないが、財政面でもパキスタンに対しきわめて大きな影響力を持っていることがうかがえる。

ハンバントタ港開発で「債務の罠」に陥ったスリランカ

中国による影響力拡大がパキスタン以上に顕著に見られているのがスリランカだ。

スリランカはインド洋に浮かぶ島国で、面積は北海道を一回り小さくした程度である。人口は約二二一六万人で、約七割が上座部仏教を信仰している。一九八三年から反政府組織「タミル・イーラム解放のトラ」（ＬＴＴＥ）と政府軍の間で内戦がつづいていたが、二〇〇九年に終結した。

この島国が脚光を浴びているのは、インド洋のシーレーン上に位置するという戦略的重要性による。中国は二〇〇〇年代からスリランカに対する経済的関与をしだいに強めていき、〇九年には日本に代わり最大の援助提供国になった。

こうした中国の関与を象徴するのが、南部に位置するハンバントタ港の開発だ。同港の開発構想は二〇〇〇年代初めから持ち上がっていたが、〇五年一一月の大統領選でマヒンダ・ラージャパクサが元首相のラニル・ウィクラマシンハを僅差で破り当選すると、動きが本格化する。ハンバントタはラージャパクサ大統領の出身地だった。

新ターミナルの新設を軸とする第Ⅰフェーズは二〇〇八年に着工した。総工費は約三億六〇〇〇万ドルで、このうち八五%を中国輸出入銀行が融資し、残りの一五%をスリランカ港湾庁（SLPA）が負担することになった。工事は建設大手・中国交通建設傘下の中国港湾工程が請け負った。このように、ハンバントタ港開発は中国主導で行われた。第Ⅰフェーズは一〇年八月に完工し、一一月から運用が始まった。第Ⅱフェーズの工事も一二年から一五年にかけて行われた。

港湾整備が進む一方で、スリランカ政府は深刻な問題に直面していた。債務の返済である。ハンバントタ港は二〇一〇年の運用開始以降、目論見どおりに収益が上がらず、コロンボ港の黒字でハンバントタ港の赤字を補塡する状態に陥っていた。加えて、第Ⅰフェーズの中国輸出入銀行による融資の利率は六・三％と、高めに設定されていた。この結果、一六年には債務を返済するメドが立たなくなっていた。

この問題の処理を担ったのはラージャパクサ大統領——ではなく、二〇一五年の選挙で当選したマイトリパーラ・シリセーナ大統領だった。当時、新政権のラヴィ・カルナナヤケ財務相は『サウスチャイナ・モーニングポスト』紙のインタビューで「この問題を作ったのはわれわれではない。引き継がされたのだ」と語っていた。しかし「それでも何とかしなくてはいけない」と語っていたように、放置するわけにはいかなかった。シリセーナ大統領も一六年一〇月に訪中し、ハンバントタの債務問題について協議を行った。翌一七年に中国招商局港口（ＣＭＰｏｒｔ）との間で合意がまとまったが、スリランカ側にとっては厳しい内容になった。

この合意では、ＳＬＰＡとＣＭＰｏｒｔが「ハンバントタ国際港湾グループ」（ＨＩＰＧ）と「ハンバントタ国際港湾サービス」（ＨＩＰＳ）という二つの合弁企業を設立し、両社にハンバントタ港の運営権が九九年間譲渡されることになった。同港の施設や関連する土地については、リースという形式がとられた。これも期間は九九年間である。

そして重要なのが、出資割合である。ＨＩＰＧについては、ＣＭＰｏｒｔが八五％、ＳＬＰＡが一五％という内訳になった。スリランカ側の資本参加もあるとはいえ、過半数を大きく超える割合をＣＭＰｏｒｔが握っており、運営については中国がハンバントタ港を掌握したと言っていい。なお、ＨＩＰＳのほうはＳＬＰＡが五〇・七％、ＣＭＰｏｒｔが四九・三％となっている。

筆者が「九九年間」という期間を聞いたときに想起したのは、香港のケースだった。かつてイギリスは香港島と九龍半島を当時の清朝に割譲させ、さらに一八九八年には隣接する新界の租借を認めさせたが、この期限が九九年だった。中国語で九九は「久久」と発音が同じで、後者だと永久という意味合いになる。実際には、香港は一九八四年に英中間で交渉がまとまり、文字通り九九年後の九七年に中国に返還された。ハンバントタ港については果たしてどうなるだろうか。ちなみに、中国に厳しい見方をしていることで知られるインドの外交・安全保障専門家、ブラフマ・チェラニーは、ハンバントタ港をめぐる中国の一連の対応をこう呼んで批判していた――「債権帝国主義」ではないか、と。

ハンバントタ港の開発そのものについて言えば、一定の合理性はある。スリランカ側にとっては、コロンボ港のキャパシティが限界に達しつつあり、将来の貨物需要増を見据えて代替港を用意する必要性は高かった。その点、ハンバントタ港は水深が一七メートルあり、大型コンテナ船にも対応できる。インド洋を通る各国の船舶にとっては、スリランカ西海岸のコロンボ港で補給や貨物の積み降ろしをするよりは、最南端に近いハンバントタ港のほうが寄港の際の移動距離が短くて済む。ハンバントタ港は経済特区として保税区になっていることから、ヒュンダイがインドで生産した自動車の保管倉庫として利用しているという事例も報告されている。

だが、それもスリランカが港湾インフラを主体的に管理できてこその話である。将来的なポテンシャルがあるとしても、少なくとも短期的にはハンバントタは十分に機能しなかった。インフラ整備に外国政府の協力や企業の融資を受けるにしても、現実的な返済計画がなければ「債務の罠」にはまってしまう――ハンバントタ港はまさにその典型例になっている。

もうひとつ重要なのは、軍事利用をめぐる問題だ。

二〇一七年の合意では、ハンバントタ港はあくまで商業および開発目的のみで運営されるものであり、軍事利用は固く禁じられている。しかし二二年八月中旬には、中国海軍の艦艇「遠望五号」がハンバントタに入港したことが報じられた。ミサイルや衛星を追跡するレーダー等の設備を持つ調査船だ。あくまで目的は補給とされたが、今後もこうした活動がつづけば、当初の合意内容が骨抜きになりかねない。なおコロンボ港には、一四年に二度にわたって中国海軍の潜水艦が燃料補給と乗員の休養のため寄港した事例がある。

パキスタンのグワーダル港をめぐり、中国による軍港化の懸念がくすぶりつづけているのは、こうしたハンバントタ港の例があるからかもしれない。

空港やコロンボ港も――ハンバントタだけではないスリランカの中国依存

ハンバントタ港にかぎらず、スリランカでは他のインフラ整備でも中国頼みになっている。

ハンバントタから近いマッタラ・ラージャパクサ国際空港も、採算を度外視して進めたとしてやり玉に挙げられることが多いプロジェクトだ。第Iフェーズの総工費約二億一〇〇〇万ドルの九割が中国輸出入銀行からの融資で賄われた。二〇〇九年に着工し、一三年から運用が始まった。ところが利用客が一日わずか一〇人しかおらず、「世界でいちばんガラガラな空港」と言われる有様だった。空港名にラージャパクサと付いていることからもわかるとおり、マヒンダ・ラージャパクサ政権下で進められた事業であり、ハンバントタ港開発と並んで、中国寄りの外交政策と利益誘導が重なった結果ではないかとの指摘が建設時からあった。

最大都市コロンボの港湾開発でも、中国が存在感を増しつつある。元々、同港の開発では日本が重要な役割を担ってきた。一九八〇年から二〇〇五年にかけて、JICAによる開発事業が進められ、コンテナターミナルや港内道路、燃料補給施設などの整備が行われた。費用は日本政府からの円借款で賄われた。

コロンボ港の東コンテナターミナル（ECT）の開発については、二〇一九年五月に日本とインドが共同で取り組むことでスリランカ政府と合意していた。日印が第三国協力のモデルケースと位置づけていたプロジェクトだったが、その後、事態は思わぬ方向に展開していく。覚書の署名時点ではシリセーナ政権下だったが、一九年一一月の大統領選では、ゴタバヤ・ラージャパクサ元国防相が当選した。マヒンダ・ラージャパクサ元大統領の弟だ。二一年二月、ゴタバヤ大統領は当初の方針を覆し、スリランカ政府が全面的に費用を負担して開発を進めると発表した。これだけでも重大な変更だが、同年一一月にはさらなる衝撃がもたらされた。入札結果にもとづき、中国交通建設（CCCC）傘下の中国港湾工程とスリランカのアクセス・エンジニアリング社に工事を発注することが閣議で承認されたのだ。上海振華重工（ＺＰＭＣ）がＥＣＴのクレーンを調達することも決まった。日印にとっては寝耳に水だった。

なお、コロンボ港の西コンテナターミナル（ＷＣＴ）開発はインドのアダニ・グループが受注し、二二年一一月から工事が始まっている。インドのメンツもある程度立てた、ということなのかもしれない。

コロンボでは、中国はもうひとつ、「コロンボ国際金融シティ」という一大プロジェクトを進めている。コロンボ中心部からすぐの海上に面積約二・七平方キロメートルの人工島を建設し、シンガポールやドバイのような国際金融センターにするという計画だ。工事を請け負ったのは、ここでも中国港湾工程だった。二〇一四年九月の着工式典には、スリランカ訪問中の習近平国家主席とマヒンダ・ラージャパクサ大統領が揃って参加したことからも、両国の意気込みがわかるだろう。

奇妙なのは、中国はこれほど深くスリランカのインフラ整備に関与していながら、「一帯一路」の中にはそれを明示的に位置づけていないことだ。二〇一九年四月に開かれた第二回「一帯一路」国際協力サミットフォーラムの共同コミュニケには三五件もの経済回廊やコネクティビティに関わるプロジェクトが列挙されているが、そこにはハンバントタ港やコロンボ港といった個別のプロジェクトは含まれていなかった。コミュニケ全体を見ても、スリランカへの言及すら一切見当たらない。

デフォルトまで追い詰められたスリランカ経済

スリランカは財政的にもきわめて厳しい状況にある。そこに近年の食糧・エネルギー価格の高騰が追い打ちをかけ、二〇二二年には深刻なインフレに見舞われた。消費者物価指数（CPI）の上昇率は前年同月比では四月に三三・八％、五月には四五・三％を記録した。この状況に国民の怒りが爆発し、コロンボはじめ全土で大統領の退陣を求める抗議行動が多発した。

当時のゴタバヤ・ラージャパクサ大統領は兄で元大統領のマヒンダ・ラージャパクサ首相を解任してこの局面を乗り切ろうとしたが、国民の反発は収まらなかった。結局大統領も辞任に追い込まれ、国外逃亡した。後任には、ラニル・ウィクラマシンハ首相が就いた。この間、スリランカはデフォルト（債務不履行）状態にまで陥ってしまった。ウィクラマシンハは過去に何度も首相を務めたことがあるベテラン政治家で、豊富な政治経験を活かしてスリランカを危機から脱却させることが期待されている。

とはいえ、状況はけっして楽観できない。ウィクラマシンハ大統領は財政を立て直すべく、ＩＭＦからの支援を取り付けようとしている。二〇二二年九月には、「拡大信用供与ファシリティ」（ＥＦＦ）として二九億ドルの支援パッケージが事務レベルで合意された。ＩＭＦ側はスリランカの大口債権国であるインドと中国が債務繰り延べに応じることを融資の条件としていたが、両国ともに応じる姿勢を見せている。

合意がＩＭＦの理事会で承認されれば、スリランカは財政的に一息つけることになる。だが、中国輸出入銀行が示した猶予期間は二年とされ、その間に財政が改善しなければ、再度繰り延べを求めるか、他の支援先を探さなくてはならない。ハンバントタのように債務を払えなくなり、港湾の運営権を差し出す事態が生じれば、これまで以上に国内のインフラの自律性が損なわれることになる。インフレも、二〇二二年九月の七三・七％をピークにその後は減少しつつあるものの、依然として高水準にある。当面の間、スリランカは厳しい綱渡りを余儀なくされることになりそうだ。

南アジアで台所事情が厳しいのはスリランカだけではない。パキスタンも、中国への債務返済をめぐる問題を抱えるだけでなく、財政全般で危機的状況に陥っている。二〇二二年八月にＩＭＦとの支援交渉がまとまり、約一一億六〇〇〇万ドル相当の特別引出権（Ｓ

ＤＲ）が融資されることになった。だが、これはパキスタンが二三年六月までに必要としている資金全体から見ると、ごく一部でしかない。こうした最中、二二年六月に大洪水が発生した。国土の三分の一が浸水し甚大な被害が出ており、経済的損害は一〇〇億ドルに達するとの見積もりも出ている。このほか、バングラデシュも四五億ドルの支援をＩＭＦに要請し、二三年一月末に承認された。

　こうしたＩＭＦの支援は財政危機を乗り切るに当たって有効だが、副作用がないわけではない。ＩＭＦ側は融資に当たり、財政健全化に向けた条件を付してくる。とくにターゲットにされるのが各種補助金だ。パキスタンの場合、二〇二二年五月下旬以降、ガソリンをはじめとする燃料への補助金を三段階にわけてカットした。当然ながら燃料価格は上昇し、国民生活への打撃は避けられなかった。デフォルト回避のためにはやむを得なかったとはいえ、二三年夏に総選挙を控えるシャバーズ・シャリーフ政権としては苦渋の決断だったことだろう。

ヒマラヤ山脈を中国の鉄道が縦貫する日

　パキスタンのクンジュラブ鉄道計画は棚上げされたようだが、中国は南アジアでさらにスケールの大きい、野心的な鉄道建設計画を進めようとしている。青海チベット鉄道（青蔵鉄路）を延伸し、ネパールの首都カトマンドゥとつなぐという構想だ。もちろん、チベットとネパールの間にはヒマラヤ山脈がそびえている。それを越えて鉄道を通そうというのだ。果たしてそのようなことが本当に可能なのだろうか。

　筆者はかつて、チベット自治区の区都ラサから陸路でヒマラヤ越えをし、カトマンドゥまで下ったことがある。チベット自体が標高三五〇〇メートルを超える高地にあるが、ヒマラヤ山脈はさらに高度が上がる。エベレストの中国側ベースキャンプにも立ち寄り周囲を歩いてみたところ、標高五二〇〇メートルではさすがに酸素が薄く感じられたのをいまでも覚えている。こうした経験があるだけに、ヒマラヤ鉄道計画はさすがに非現実的ではないかと思っていた。

　だが、中国は本気のようだ。二〇二二年八月下旬、ＹｏｕＴｕｂｅで中国政府系のアカウントから、ある動画がアップロードされた。「中国・ネパール鉄道――ヒマラヤの希望」と題した三分半弱の動画では、両国政府間の会談模様や青海チベット鉄道の様子が女性による流暢な英語ナレーションで紹介され、同鉄道がチベットの旅客需要に応えていることを示しながら、ヒマラヤ鉄道もネパールの観光業振興や人的往来に大きく貢献できることがアピールされている。ネパールの主要都市が結ばれるだけでなく、「ネパールのみなさんが外国に出るとき、車か飛行機かの二択で悩むことはなくなります」とメリットが強調されている。イメージ戦略だけではない。二二年一二月末には、中国から実現可能性調査を行うための第一次調査団がネパールの首都カトマンドゥに到着したことが報じられた。

今後、構想が具体化していけば、多くの課題が生じるだろう。仮に技術的に建設が可能だとしても、巨額の費用をどう捻出するのか。ルートにもよるが、世界遺産に指定されているサガルマータ国立公園——チョモランマ（エベレスト）、ローツェ、マカルー、チョー・オユーが含まれる——にも関わるエリアだけに、用地取得や環境への影響に対する配慮といった問題も避けて通れない。

中国にとって鉄道は、単に経済活動のための交通手段としてだけでなく、政治的意味合いを帯びるものである。青海チベット鉄道はチベット自治区を中国に統合させるための手段だった。それを延伸してネパールまで通すのも、戦略的な計算にもとづいていることは間違いない。ネパールは元々、文化、民族、宗教、経済とさまざまな面でインドとのつながりが深い。そこで、中国は経済援助を軸にネパールとの関係強化を進め、南アジアへの進出拠点のひとつとしてきた。

もうひとつ重要なファクターは、チベット情勢だ。かつて中国のチベット自治区や青海省、四川省西部といった地域から多くのチベット人が脱出し、ネパール経由でインド亡命中のダライ・ラマ一四世の下に向かっていた。その数は、年間八〇〇〇人にも上った。だが、二〇〇八年に潮目が変わる。北京オリンピックが行われたこの年、チベット各地で中国の統治に抗議するデモが発生し、翌〇九年以降、僧侶や若者による焼身自殺が相次いだ。こうした動きを抑え込もうと、中国当局は鎮圧に乗り出したほか、中国・ネパール国境の監視を強化し、それまで黙認していたチベット人の国外脱出にも規制をかけた。これにより〇八年以降脱出者は激減し、年間数百人程度にまで落ち込んでいる。中国からの鉄道が開通すればヒトの流れを把握しやすくなるだけでなく、ネパールへの影響力拡大を通じてすでにカトマンドゥ等にいるチベット難民への締め付けをさらに強化するよう同国政府に促すことも容易になる。

中国の影響力拡大は、もうひとつのヒマラヤ王国にも及んでいる。ブータンである。「国民総幸福量」（ＧＮＨ）という基準を提唱し、「幸せの国」と称される同国だが、中国とインドのパワーゲームの渦中に置かれている。ブータンはネパール以上にインドとの関係が密で、一九四九年に結ばれた友好条約では外交と防衛についてはインドの「指導」を受けることが定められていた。さすがにこの条項は二〇〇七年に新たに結ばれた条約ではなくなり、両国は「普通の関係」になった。それでもインドはブータンに対する影響力を維持している。ブータンも、国内の水力発電所からの電力をインドに購入してもらうことで財政を維持しているなど、経済面での依存も大きい。ワンチュク現国王も先代の国王もインドに留学経験があるように、人的なつながりも太い。

　そのブータンに攻勢を強めているのが中国だ。印中国境と同様、中国・ブータン間も四七七キロメートルの国境が未画定のままになっている。一九八四年から両国間で国境問題交渉がつづけられているが、解決には至っていない。中国はブータン領内で約七六四平方キロメートルの土地を自国領と主張しているが、ブータン側はこれを認めておらず、双方の溝は埋まっていない。そればかりか、二〇一七年にはブータン西端のドクラムで中国による道路建設が明らかになり、印中両軍が二か月半近くにわたり対峙するという事態も起きた。ネパールでの影響力増大とは違ったかたちではあるが、ブータンでも「中国ファクター」が無視できなくなっていることはたしかだ。

インドが「一帯一路」から距離を置く最大の理由

パキスタンは別にしても、スリランカやネパール、ブータンといった南アジアの周辺国で中国の影響力が急速に強まっていることに、インドは心中穏やかではないだろう。では、インドはこうした動きにどう対応してきたのだろうか。

「一帯一路」の下で、「バングラデシュ・中国・インド・ミャンマー経済回廊」という構想がある。四か国の頭文字をとって「BCIM」と呼ばれる。中国の雲南省昆明からミャンマー北部、インド北東部、バングラデシュを横断し、インドのコルカタまで至るルートでインフラを整備し、産業開発を行う構想だ。昆明とコルカタの頭文字から「K2K」との呼称もある。一九九九年に「昆明イニシアチブ」の名で知られる四か国の有識者による「トラック2」会合が昆明で開かれ、これが「BCIMフォーラム」に発展した。二〇一三年一二月には昆明で政府当局による会合が開かれ、「BCIM経済回廊」を推進していくことで一致した。

当初はインドもBCIMに前向きな姿勢を見せていた。関係会合には政府当局者が出席していたし、二〇一三年五月の李克強首相訪印時には、マンモーハン・シン首相との間でBCIMについても協議が行われた。このときの共同声明では、BCIMのコネクティビティ強化や経済回廊建設に関する合同調査グループの設置を印中がバングラデシュとミャンマーに働きかけていくことで一致したと発表されていた。モディ政権下の一五年時点でも、ＢＣＩＭに関する会合でインド外務省の出席者から、ＢＣＩＭはインドの「アクト・イースト政策」と一致するとの発言もあった。

しかし、ＢＣＩＭが「一帯一路」の中に組み込まれていくと、インドは慎重姿勢を強めていった。それを見てか、中国側のＢＣＩＭに対する位置づけも変わっていった。二〇一九年四月の第二回「一帯一路」国際協力サミットフォーラムで発表された共同コミュニケには三五件のインフラ整備プロジェクトが列挙されていたが、ＢＣＩＭは「選外」だった。「六大経済回廊」のひとつだったにもかかわらず、だ。

インドとしては、バングラデシュやミャンマーとの接続については進めたくても、中国までとなると一気にハードルが高くなる。中国製品の輸入増大による国内産業への影響もさることながら、安全保障上の懸念を無視するわけにはいかなかった。ＢＣＩＭで想定されたルートのうちインド北東部は、印中国境問題の焦点のひとつ、アルナーチャル・プラデーシュ州にも近い。前述したように二〇一七年六月にはインド・中国・ブータンが境界を接するドクラムで印中両軍の対峙事案が起きており、西部国境のラダック地方だけでなく東部でも中国による越境事案に警戒が高まっていた。

「一帯一路」と相容れないインドの「核心的利益」

だが、インドがより強く警戒し、反発するのは「一帯一路」の中でも特別な位置を占めるこの中国・パキスタン経済回廊（ＣＰＥＣ）だ。単に対立するパキスタンがかかわる開発構想だからというわけではない。カシミール問題との関係で、インドの立場と完全に相容れないものだからだ。中国式に言えば、「核心的利益」にかかわるもの、ということになる。

カシミールは事実上、印パの分割統治下にある。両国の間には「管理ライン」（ＬｏＣ）という実効支配線があり、東側がインドのジャンムー・カシミール州（二〇一九年一〇月からはジャンムー・カシミールとラダックという二つの連邦直轄領に分割された）として、西側がパキスタンのアーザード・ジャンムー・カシミール（ＡＪＫ）とギルギット・バルティスタン（ＧＢ）として、それぞれ統治されている。だが、インドは一九四七年に当時のジャンムー・カシミール藩王がインドへの帰属を申し出たことにもとづき、カシミール全土を自国領と見なしている。したがって、ＡＪＫもＧＢも自国領であり、パキスタンが不法に占領しているということになる。

インドからすると、ＣＰＥＣは自国領であるはずのＧＢを経由しており、パキスタンが勝手に開発を進めている、というわけだ。ＣＰＥＣを認めてしまえば、カシミールに関する主張と齟齬《そご》を来してしまう。現実問題としてはＣＰＥＣを通じて中パが戦略的関係をさらに強化することへの警戒があるが、カシミールという自国の正統性にかかわる点は対話や交渉で何とかなる問題ではないだけに、インドの強硬姿勢が変わるとは考えにくい。

チャーバハール港開発計画――アフガニスタン、中央アジアへのアクセスも狙う

インドが主体的に関わろうとしていた第三国の開発プロジェクトもあった。イランが取り組んでいるチャーバハール港整備への参画である。

チャーバハール港はイランの東端、パキスタンとの国境近くに位置している。同港の開発構想は王政時代からあったがイラン革命で後回しになっていた。開発計画が本格化するのは二〇一六年以降のことである。同年五月、イラン、インド、アフガニスタンの間で同港の開発に関する包括的な輸送協定が結ばれた。インドが八五〇〇万ドルの資金を投じ、港湾開発事業者のインディア・ポーツ・グローバルが同港で二つのバースの整備を担当す

ることが決まった。これにより、同港の貨物取扱能力は年間二五〇〇万トンから八〇〇〇万トンへと向上するとされた。第Ⅰフェーズの完工を受けて、一七年一二月にはイランのロウハニ大統領が出席して開港式典が行われた。なお、一八年一二月には、一六年の三か国協定にもとづき、チャーバハール港のうちシャヒード・ベヘシュティ・ターミナルの運営権をインディア・ポーツ・グローバルが取得したことが明らかになっている。

二〇一六年の輸送協定には、もうひとつ重要な内容が盛り込まれていた。チャーバハールからアフガニスタン国境に近いザーボルまで鉄道を敷設する計画だ。ザーボルから国境を越えてアフガニスタン側のザランジに出れば、同国内の道路ネットワークとつながることができる。これが実現すれば、アフガニスタンにとっては陸封国ゆえにネックだった海へのアクセスを手にすることができる。一方、インドにとってもこのルートが持つ戦略的意義は大きい。チャーバハールからアフガニスタンに入ることでパキスタンを迂回し、さらに北に広がる中央アジアへのアクセスが可能になるからだ。一七年一二月の開港式典では、ムンバイからの貨物船から小麦が荷下ろしされ、アフガニスタンに向けて陸路で運ばれたが、これは三か国の意図を象徴するものだった。

イランとしては、チャーバハールを地域の物流ハブとすることはもちろん、包括的な開発を行うことで同国の東部の拠点都市にしたいとの思惑があるようだ。二〇一八年二月に現地調査を行った中東調査会の青木健太主任研究員によると、当時すでに周辺の産業開発や大学の設置が行われていたという。港湾インフラだけにとどまらない開発構想はグワーダルにもあるが、チャーバハールが先行している部分もあると言えそうだ。

チャーバハールとグワーダルは、国境を挟んで一八〇キロメートル程度しか離れていない。それぞれインドと中国がバックについているだけに、両港は競合関係として捉えられることが多い。

しかし、イラン側は必ずしもグワーダルを競合相手として捉えているわけではない。二〇一九年五月下旬、イランのザリーフ外相はイスラマバードを訪問した際、こう語っている。

「今回自分はチャーバハールとグワーダルを接続するという提案をパキスタン政府にするために来た」

「チャーバハールとグワーダルは相互に補完することが可能だ」

アメリカのトランプ政権による制裁で厳しい状況に置かれるなかで、この発言は外交的思惑にもとづく融和姿勢と捉えることもできるだろうが、両港が協力関係か、少なくとも棲み分けが可能であるとの見方をしていることはたしかだった。

チャーバハールを含むイランのスィースターン・バルーチェスターン州とグワーダルを含むパキスタンのバローチスタン州は、民族的にも共通性がある。前出の青木主任研究員にチャーバハールのマーケットをはじめ街中の様子を捉えた写真を見せてもらったことがあるが、パキスタンと言われても不思議ではないほどよく似ていた。

国際政治に翻弄されるチャーバハール港

このチャーバハール港開発には、日本も一時期関心を示したことがあった。第三国でのインフラ協力が大きなテーマのひとつだった二〇一六年の日印共同声明で、「両首脳は、南アジア及びイラン、アフガニスタン等の周辺地域における平和と繁栄の促進のための両国間の協力の可能性を歓迎した」との文言が盛り込まれたのである。つまり、日印がチャーバハール港開発に協力し、アフガニスタンを含む周辺国に恩恵をもたらそうということだ。

だが、国際情勢と地域情勢が複雑にからみ合うなかで、チャーバハールをめぐる状況は厳しさを増していった。

まず、アメリカのイラン政策が大きく変わった。二〇一七年一月に発足したトランプ政権はイランに対して強硬姿勢をとり、オバマ政権時に英仏独中露および当事国のイランとまとめた核開発に関する合意「包括的共同行動計画」（JCPOA、イラン核合意）から単独離脱した。これにより、対イラン経済制裁が復活した。チャーバハールについては、アフガニスタンの経済活動促進にという意味合いもあったことから制裁の対象外とされたものの、日本側は積極的な関与に二の足を踏むようになった。実際、一七年以降の日印共同声明でチャーバハールはいっさい言及されていない。

アフガニスタン情勢の急変も大きい。国際社会は二〇〇一年一二月のボン合意でタリバーン政権に代わる暫定政権樹立を後押しして以降、カルザイとガニーの二代にわたる政権を支援してきた。巨額の経済協力に加え、米軍主導の国際治安支援部隊（ISAF）が派遣され、タリバーンをはじめ反政府勢力の掃討と治安維持に当たった。だが、タリバーンは二一年に入ってから攻勢を強め、同年八月中旬には首都カブールを掌握し、ほぼ全土を支配下におさめた。一九九六年から二〇〇一年に政権を担った際に人権の制限や文化財破壊など極端な方針を実行に移したときの記憶もあり、二三年一月までにタリバーン政権を承認した国はない。このため、チャーバハール港をアフガニスタンの海の出口にして物流の円滑化をはかり、経済発展を促していこうという目論見は実現が困難になってしまった。なお、米欧日が躊躇する一方で、中国はタリバーン政権の幹部と接触を保ち、資源開発で権益を獲得するなど、正式な外交承認こそしていないものの実務的な関係を拡大していることには留意しておく必要があるだろう。アフガニスタンからの物資輸送が、期待されたチャーバハールではなく、パキスタンのカラチやグワーダル経由になることがこれまで以上に増えることも考えられる。

チャーバハールには、アフガニスタンへの接続だけでなく、「国際南北輸送回廊」（NSTC）での拠点としてのポテンシャルもある。NSTCとは、インドのムンバイからイランのバンダルアッバス港の海路、そこから先は陸路でコーカサス地方に北上、アゼルバイジャンの首都バクーを経由してロシアのモスクワに至るという全長七二〇〇キロメートルのルートを設定し、交通インフラの整備を行うという構想だ。ここにバンダルアッバス港だけでなく、チャーバハール港も加えて活用しようというわけだ。インド、イラン、ロシア間で協定が結ばれたのは二〇〇二年だが、二〇年以上が経過した今も実現はしていない。しかし近年、広域インフラ開発への関心が高まるなかで、再度脚光を浴びつつあった。

ところが、二〇二二年二月にロシアのウクライナ侵攻が起きたことで、NSTCをめぐる状況も一変した。インド、イラン、アゼルバイジャンのいずれも米欧主導の対露経済制裁には加わっていない。とはいえ、ロシアがかかわる大型インフラ整備プロジェクトを積極的に進める環境にはない。インドにしても、対ロシアで米欧の方針とは一線を画しているとはいえ、NSTCという物理的なコネクティビティ強化は対外的に及ぼす影響が大きい。

ただ、将来に望みを残すという点で、NSTCをめぐっては協議や意見交換がつづけられている。二〇二三年一月下旬には、ムンバイでインド港湾海路水路省とインディア・ポーツ・グローバルとの共催で「チャーバハールとNSTCの接続に関するワークショップ」が開かれた。今後のロシア情勢次第では、チャーバハールが加わったかたちでNSTCが具体化する可能性があることを念頭に置いておくべきだ。

コラム④　中華料理を通して見えてくるインド、パキスタン、ネパール

中華料理ほど、世界各地に広まっている料理はないだろう。アジアはもちろん、アメリカ、ヨーロッパ、果てはアフリカまで、どこに行っても一軒くらいは店が見つかるものだ。

ご多分に漏れず、インドにも中華料理はある。しかし、かなり独自の進化を遂げており、「インディアン・チャイニーズ（インド中華料理）」という新たなジャンルを形成している。筆者は中国の北京にも駐在していたことがあるが、その経験からしても、一見しただけでは中華と思えないような料理も少なくない。

たとえば「レモンチキン」。レモン汁やチリパウダー、ターメリックなどでマリネした鶏肉をみじん切りにした玉ねぎと炒め、醤油やガラムマサラなど複数のスパイスで味を調えて完成という一品だ。また、「ゴビ・マンチュリアン」もインド中華の定番メニューだ。「マンチュリアン」と言っても満洲とは関係がなく、「中国」というほどの意味で、スパイシーで濃い茶色のソースで炒めた料理を指す。ちなみに「ゴビ」は「ゴビ砂漠」――ではなく、ヒンディー語で「カリフラワー」という意味だ。他に

も、アメリカ経由で入ってきた「アメリカン・チョプスィ」、南インドの人気メニュー「ドーサ」を唐辛子メインの「シェズワン（四川）・ソース」で仕上げた「シェズワン・ドーサ」をはじめ、フュージョンを重ねた料理がいくつもある。

念のため言うと、こうしたインド中華料理がマズいというわけではない。むしろ、日本人にはインド料理以上に口に合うのではと感じるほどだ。インド人も、都市部ではインド料理ばかり食べているわけではなく、こうしたインド中華も人気だ。東京のインド料理店の中にインド中華を出す店が数軒あるが、日本駐在中のインド人とその家族に支持されている。海外在住の日本人が「町中華」を懐かしむようなものと言えるだろうか。

これほどに独特なインドの中華料理は、どうやって形成されたのか。はじめてインドに中国系の移民が来たのは一八世紀後半で、カルカッタ（現コルカタ）郊外に定住したと言われている。ここからしだいに中華料理が広まっていったのだが、その過程でインド人の味覚に合わせるべく、現地のスパイスが使われるようになったようだ。ちなみに、コルカタには現在でも小規模ながらインド唯一のチャイナタウンがある。

一九六二年の国境紛争以降は、印中関係は四半世紀以上にわたり冷却化した状態がつづいた。この間、本場の中華料理が入って来なかったことで、さらに「ガラパゴス化」が進んだ。「マンチュリアン」系の料理ができたのは七五年と言われており、まさに印中が「没交渉」だった時期と重なる。

食材面で言うと、肉の種類が限られるという制約があった。インドでは総人口のうちヒンドゥー教徒が約八〇％、ムスリムが約一四％を占めているのもあり、牛肉と豚肉という、中華料理では定番の食材が使えない。魚も、コルカタやパンジャーブといった一部の地域を除きあまり食べられていない。そうすると肉はどうしても鶏肉がメインになり、そこでバリエーションを増やす方向に進んだのではないかと筆者は見ている。

だが、こうした状況にも変化が生じつつある。経済面を中心とした印中の関係強化を反映してか、「オーセンティック・チャイニーズ（本格中華）」を謳う店も増えてきた。ビジネスで中国に渡航するインド人も、逆にインドに来る中国人も多くなり、「インド中華」ではない中華料理が知られるようになってきた。

一方、隣国パキスタンだと事情は異なる。中国とは良好な関係にあり、クンジュラブ峠経由でヒトやモノの活発な往来があるだけに、中華料理店の数が多い。筆者がかつて在勤していた首都イスラマバードは独立後に計画的に作られた都市ということもあり人口は約一〇〇万しかないが、中華料理店は一〇店舗以上に上る。

肝心の料理も、本場に近いものを出す店が多い印象だ。ただ、パキスタンは人口の九六％がムスリムという国だけに、豚肉を使うわけにはいかないという制約がある。その一方で、牛肉の制約はない。イスラマバード中心部のマーケットには、数年前に「蘭州牛肉麺」の店もできたほどだ。

ネパールも中国と国境を接しているが、この場合の中国とはチベット自治区ということになる。当然、チベット料理を出す店も多い。チベット版蒸し餃子の「モモ」はネパール料理と思われてしまうほどポピュラーな料理だし、「トゥクパ」と呼ばれるうどんもチベット料理を代表する一品だ。肉を使う場合は、ヤクや羊が一般的だ。

なお、インド国内でもラダックやアルナーチャル・プラデーシュなど元からのチベット文化圏に加え、ダライ・ラマ一四世の亡命政府があるダラムサラなどのチベット人が多く住む地域がある。そうした場所では、インド料理とはひと味もふた味も違うチベット料理を楽しむことができる。モモはインド人にも人気で、「Ｗｏｗ！Ｍｏｍｏ」というファストフードチェーンでは「モモバーガー」なるメニューまである。

第五章　海洋、ワクチン開発、そして半導体――日米豪印の対抗策

インド洋をめぐるインド独自のイニシアチブ

南アジアで中国が着々と影響力拡大を図る一方、インドも日本と連携しながらインフラ開発計画を推進しようとしてきた。だが、コロンボ港整備計画は中国に取って代わられ、チャーバハールも港湾としての開発は実現しているものの、より広域のコネクティビティという点では当初の目論見どおりには進んでいない——前章では、対照的にも映る印中の状況を描いてきた。

インドが大規模インフラ整備プロジェクトを進めるにしても、経済力の差を考えれば資金力では中国に太刀打ちできない。かといって、中国の影響力拡大にただ手をこまねいているわけにはいかない。

そこで必要になるのは、中国にはない、インドならではの優位性を発揮して独自のイニシアチブを打ち出しつつ、同志国と連携していくことだ。第三章で見たように、インドが一定の留保を付けながらも「自由で開かれたインド太平洋」（FOIP）にコミットし、日米豪とともにクアッドを形成しているのは、まさにこの点による。

では、インドによる「独自のイニシアチブ」とは何か。

まず、「SAGAR」と呼ばれるドクトリンがある。これは「地域すべての国のために安全保障と成長を」（Security And Growth for All in the Region）の頭文字をつなぎ合わせたものだが、ヒンディー語で「海」や「泉」という意味にもなる。これは二〇一五年三月にモディ首相が訪問先のモーリシャスの首都ポートルイスで発表したもので、名称に入っている「地域」とはインド洋のことを指している。域内各国との関係強化や海洋状況把握（ＭＤＡ）の推進、インド海軍と沿岸警備隊による関係国とのパトロールや救難・捜索活動を展開していくといった内容が含まれている。

　これ以前にも、インドは「環インド洋機構」（ＩＯＲＡ）や「ベンガル湾多分野技術経済協力イニシアチブ」（ＢＩＭＳＴＥＣ）といった地域機構の整備を通じてインド洋への関与を強化させていた。ＩＯＲＡは一九九五年に「環インド洋地域協力連合」（ＩＯＲ－ＡＲＣ）として創設され、インド洋に面したアジア、中東、アフリカ、オセアニア諸国が加盟した。対話パートナーとして、日本、中国、アメリカ等の域外国も参加している。

　ＢＩＭＳＴＥＣのほうは一九九七年創設で、貿易・投資、輸送・通信、エネルギー、観光、技術、気候変動、テロ対策など一四の分野での協力推進を目的としている。当初、インド、タイ、スリランカ、バングラデシュの四か国で始まり、後にミャンマー、ネパール、ブータンが加わった。常設事務局はバングラデシュのダッカに置かれている。二〇〇七年までは首脳会議が一度開かれただけで活動は控えめだったが、〇八年にインドが首脳会議を主催した際にＢＩＭＳＴＥＣの重要性に着目し、組織の強化に乗り出した。一四年以降、首脳会議が四年ごとの開催として定例化されたほか、一六年にインドがＢＲＩＣＳ首脳会合を開催した際には、アウトリーチの対象としてＢＩＭＳＴＥＣ各国が招待された。

　興味深いのは、いずれもパキスタンが入っていない点だ。これは、「南アジア地域協力連合」（ＳＡＡＲＣ）に対してインドが抱いている不満が背景にあると思われる。ＳＡＡＲＣにはすべての南アジア諸国が加盟しているが、決定には全会一致が必要なため、印パの対立が持ち込まれて機能不全に陥ってしまっている。「パキスタン抜き」で、かつ自国主導で進められる態勢であれば、組織を有効に機能させられるというねらいがあるものと見られる。

　ＳＡＧＡＲにつづきインドが提起したのが、「インド太平洋海洋イニシアチブ」（ＩＰＯＩ）だ。これは、二〇一九年一一月の東アジアサミットでモディ首相が「インド太平洋の諸原則を共有する海洋環境を守るための取り組みへと転換するための協力」として提案したものである。その後、「海洋安全保障」や「海洋資源」、「貿易のコネクティビティと海上輸送」をはじめとする七つの柱が設定され、それぞれに「リード・カントリー」と呼ば

分野	主導国
海洋安全保障	インド
海洋生態系	オーストラリア
海洋資源	フランス、インドネシア
能力構築と資源共有	
災害リスクの削減と管理	インド
科学技術と学術協力	
貿易のコネクティビティと海上輸送	日本

「インド太平洋海洋イニシアチブ」の7本柱と主導国

出所）Indian Council of World Affairs, IPOI INDO-PACIFIC OCEANS INITIATIVE, 2022, p.17をもとに作成　https://www.icwa.in/pdfs/IndoPacificOceansInitiative.pdf

れる主導国が決まった。

インド洋開発の切り札か？——アンダマン・ニコバル諸島開発

こうした数々のイニシアチブをインドは繰り出しているが、次のような疑問が湧くかもしれない——では具体的に何が進んでいるのか、中国の「一帯一路」や南アジア進出に対抗し得る成果をもたらしているのか、と。

前章で取り上げたチャーバハール港とは別に、インドが関与している港湾がもうひとつある。オマーンのドゥクム港だ。オマーン湾、アラビア海、さらにはインド洋につながる要衝である。インドは二〇一八年のモディ首相によるオマーン訪問の際、軍によるドゥクム港へのアクセスを確保することに成功した。翌一九年にジャイシャンカル外相がオマーンを訪問した際には、海上輸送協定の署名も行われた。こうした動きの前の段階でも、一七年九月にインド海軍の艦艇が寄港したことがあるなど、以前からドゥクム港の重要性が意識されていた。

軍事面の関与に加え、ドゥクム港の経済特区ではインドとオマーンの合弁企業が一二億ドルを投じて中東最大のセバシン酸製造プラント建設をはじめとする開発計画もある。ただ、ドゥクム港には中国も経済特区に隣接する「中国オマーン産業パーク」の建設を進めており、インドの独壇場というわけではない。二〇一六年一二月には、ＡＩＩＢも港湾開発プロジェクトとして二億六五〇〇万ドルの融資を承認した。

第三国が関わる場合、対象国やその周辺国の思惑もからみ、構想が持ち上がっても実施までこぎ着けられないか、いざ実施段階に入っても遅延を来すことも少なくない。その点、自国内であれば、そうした不確定要素を心配する必要はなくなる。

そのような場所がインドにある。インド亜大陸ではなく、インド洋（ベンガル湾）に浮かぶアンダマン・ニコバル諸島だ。地図を見るとわかるが、この諸島はインド洋といってもかなり東側、ミャンマーやマレーシア、インドネシアの近くに位置している。南北に数百の島嶼《とうしょ》が並んでいるが、五〇億ドルを投じてグレート・ニコバル島の港にコンテナの積み替え施設を建設しようというプロジェクトが持ち上がっているのだ。これが実現すれば、現状はスリランカのコロンボ港で行っている積み替え作業を自国領内で行うことが可能になるほか、東南アジアからのアクセスも良いという利点がある。

南太平洋での米中勢力争い

　ここまでインド洋をめぐる関係国の動向を見てきたが、近年注目を集めているもうひとつの海域、南太平洋についても触れておきたい。

　中国との外交関係という観点で言うと、かつての南太平洋の状況は他の地域とは異なっていた。中華民国、つまり台湾と国交を結んでいた国が多かったのである。二〇二三年一月現在でも、台湾と外交関係を結ぶ国は世界で一四あるが、このうち太平洋島嶼国はパラオ、マーシャル諸島、ナウル、ツバルと四か国に上り、大きな割合を占めている。だが、中国が経済援助を梃子に攻勢を強めており、一九年にソロモン諸島とキリバスが台湾と断交している。

　近年、中国がとくに関係強化に力を入れているのがソロモン諸島だ。この国名だとイメージがわかないかもしれないが、太平洋戦争で激戦が行われたガダルカナル島が含まれる国と言えば場所の見当がつきやすいのではないだろうか。同島を含む約一〇〇〇の島で構成されており、一九七八年にイギリスから独立した。

二〇二二年四月中旬、中国がこのソロモン諸島と安全保障協定を結んだことが発表されたことで、関係国に衝撃が走った。前年に合意していた警察への装備提供が行われる一方、中国が軍を駐留させることは当面ないとソロモン諸島側が説明していることを除けば、協定の内容は明らかにされていない。

この展開に、米豪日は疑念を抱かずにはいられなかった。背景にはソロモン諸島の戦略的位置がある。オーストラリアからアメリカのハワイを結ぶライン上に、東西に広がるかたちで存在しているのだ。また中国から見た場合、南太平洋の中でもっとも西側、つまり自国にもっとも近い国でもある。仮にインド太平洋や台湾海峡で紛争が起きた場合、同盟関係にある米豪両軍が連携して対応に当たるケースが想定される。その際、中国がソロモン諸島に軍事的影響力を及ぼす状況にあれば、米豪艦艇の移動を阻むことも可能になる。

これを聞いて筆者が想起したのは、一九四二年に日本海軍が「第二段作戦」として立案した「FS作戦」だった。ニューカレドニア、フィジー、サモアを攻略することで「米豪遮断」をねらう作戦だ。六月のミッドウェー海戦で敗北したことでFS作戦は見送りになってしまったが、日本軍はソロモン諸島の制空権を強化すべく、ガダルカナル島に前進航空基地を建設した。だが、米軍による反攻作戦が八月から始まり、半年に及ぶ激戦の結果、ガダルカナル島は奪還された。中国が太平洋戦争中のこうした経緯を参考にしたかどうかは知る由もないが、ソロモン諸島の重要性を物語っていると言えないだろうか。

二一世紀に話を戻すと、アメリカはソロモン諸島での中国の動きに危機感を抱き、対抗策に出た。二〇二二年二月にトニー・ブリンケン国務長官がフィジーを訪問した際、一九九三年に閉鎖された在ソロモン諸島大使館の再開が発表された。アメリカは同月に発表したインド太平洋戦略の「行動計画」で、一年から二年以内に東南アジアと太平洋島嶼国で大使館や領事館を新設するとしており、さっそく実行に移した格好だ。

また日本も、海上自衛隊の護衛艦「きりさめ」が二〇二二年八月上旬にソロモン諸島のホニアラに寄港したほか、同諸島近海で米軍艦艇およびソロモン諸島の海上警察巡視船と共同訓練を実施した。これは、ガダルカナルの戦いから八〇年という節目に日本政府主催で行われた慰霊式に合わせたもので、寄港中の自衛隊だけでなく、米軍やシャーマン国務副長官、元駐日大使でこのときは駐豪大使に転じていたキャロライン・ケネディも出席した。日米の和解を確認すると同時に、両国が今後もこの海域で協力していく姿勢をアピールする場にもなった。だが、ソロモン諸島のマナセ・ソガバレ首相が当初予定していた式典への出席をキャンセルするという事態が起こった。ソガバレ首相は一九年の台湾との断交を主導し、二二年には中国と安全保障協定を結ぶなど、中国寄りの姿勢が目立っていた。それだけに、日米の結束を前面に出す場に顔を見せることには慎重になったのかもしれない。

なお、インドは南太平洋でのプレゼンスは必ずしも大きくない。だが、フィジーだけは例外だ。インドがイギリスの植民地だった頃に移民してきたインド人が定住し、いまでも約九〇万人の総人口のうち、フィジー系が五七％だが、その次に多いのはインド系（三八％）なのである。一九九九年には労働党のマヘーンドラ・チョードリー党首が首相に就任したが、名前からわかるとおり、インド系だ。インドの南太平洋全体を対象とした取り組みとしては「インド・太平洋島嶼国協力フォーラム」（ＦＩＰＩＣ）があり、二〇一四年一一月の設立会合にはモディ首相が駆けつけたほか、一四の太平洋島嶼国すべてから首脳が出席した。ただ、一五年八月にインドのジャイプルで第二回首脳会議が開かれたのを最後に目立った活動は伝えられておらず、インドがこの枠組みを活性化して南太平洋への関与を増大させていけるかが注目される。

インドの新型コロナワクチン開発

日米豪印の連携は、インフラ整備やコネクティビティだけにとどまらない。二〇二〇年から世界中の注目を集めることになった分野でも試みられている——そう、ワクチンだ。

二〇二〇年前半、新型コロナウイルスのパンデミックを受けて多くの国がロックダウンを実施して感染拡大防止を図るなか、インドも水際対策とロックダウンに踏み切った。筆者はこの年の三月にコルカタで開かれる国際会議に招待されていたが、三月上旬にインド政府が発給済みビザの効力を一時停止するという厳しい水際対策を講じたため、会議の出席はおろか渡航自体を断念せざるを得なかった。その後、インド国内でも「予行演習」のような時間を区切った外出制限を経て、三月下旬から全土ロックダウンが実施された。膨大な人口ゆえに、この措置は「世界最大のロックダウン」とも言われた。

ロックダウンによりインドの経済と社会は大きな打撃を受けたが、同時にワクチンの開発も始まった。その結果、「コバクシン」と「コビシールド」という二種類のワクチンが開発・生産された。前者は不活化ワクチン、後者はウイルスベクターワクチンで、ファイザーやモデルナのようなｍＲＮＡワクチンではない。コバクシンはバーラト・バイオテック社とインド医学研究評議会の国立ウイルス学研究所が共同開発した国産ワクチンだ。コビシールドのほうは、イギリスのアストラゼネカとオックスフォード大学が共同開発したものを世界最大のワクチンメーカー、インド血清研究所（セラム・インスティテュート・オブ・インディア）がライセンス生産したものである。

二〇二一年一月初旬、インド保健当局はコビシールドとコバクシンの緊急使用を許可した。接種は同月中旬からまず医療従事者を対象として全国で始まった。その後順次対象が拡大されていき、同年六月までに二億人以上が一回目の接種を済ませた。

国内の接種と並行して、インドは他の途上国へのワクチン提供も積極的に行った。コバクシンもコビシールドも冷蔵で保管すればよく、mRNAワクチンのような超低温管理の必要がない。これはコールドチェーンが整備されていない多くの発展途上国で効果的だった。インド自身がデルタ株による第二波で甚大な影響を被っていた二〇二一年五月頃は国内でもワクチンが不足していたため海外への提供は一時ストップしたが、その後再開された。「ワクチン・マイトリー（ワクチンによる友好の意）」と名付けられたスキームが二一年一月下旬から始まり、約二年で一〇〇か国に提供された（一部はワクチンの公平な配分を行うCOVAXファシリティと呼ばれる国際的枠組み経由。提供先には「国連PKO隊員」というカテゴリーも設定されている）。主な供給先は、バングラデシュ（約二八一〇万回分）、ミャンマー（二一二〇万回分）、ネパール（約九五〇万回分）、ブータン（約五五万回分）、モルディブ（約三一万回分）、モーリシャス（四〇万回分）、セーシェル（五万回分）、スリランカ（約一二六万回分）、アフガニスタン（約一四六万回分）などであり、南アジア・インド洋諸国に重点が置かれていることがわかる。

インドはさらに、第三のワクチン開発にも成功している。鼻から投与できる「経鼻ワクチン」だ。技術を提供した米ワシントン大学セントルイス校の発表では、このワクチンも冷蔵庫での保存が可能で、注射に抵抗がある人びとにとっては短時間の吸引で済むことが「大きな利点」として紹介されている。また、新たな変異株が出現した場合でも、スパイクたんぱく質を置き換えるだけで良いので、比較的迅速に更新が可能という。注射針が不要という点は、コバクシンやコビシールド以上に発展途上国での接種を容易にするものと言えそうだ。

次のパンデミックを見据えたワクチン開発協力体制

インドはジェネリック医薬品をはじめ製薬業が盛んで「世界の薬局」と呼ばれており、

コロナワクチンの開発と生産では国際的にも大きく貢献した。日米豪はまさにこの点に着目し、クアッドでの連携の可能性を探った。

対面では初開催となった二〇二一年九月のクアッド首脳会合では、新型コロナウイルスの感染拡大防止に向けた四か国の協力が最重要課題と位置づけられた。共同声明では、日米豪印のワクチン・パートナーシップのもとで約七九〇〇万回分のコロナワクチンをインド太平洋諸国に配送してきたことが示されている。また、インドバイオロジカルE社が二二年末までに少なくとも一〇億回分のコロナワクチンを生産するとしたことについても言及された。

ただ、二〇二二年以降はアメリカでもインドでも行動制限や各種規制が撤廃されていき、日本で言う「アフターコロナ」の段階に移行していった。バーラト・バイオテックのコバクシンも需要が減り、二三年前半中に五〇〇〇万回分が期限切れになってしまうという。

そこで今後取り組むべき課題として、いずれ別の感染症によるパンデミックが起こり得ることを想定し、今からワクチン開発体制を整備しておくことが考えられる。

実際、「感染症流行対策イノベーション連合」（CEPI）という二〇一七年にダボス会議の場で設立された国際基金があり、平時から将来のパンデミックに備えてワクチン開発に取り組んでいるとされる。クアッド版CEPIのような枠組みを立ち上げ、いまから可能な準備をしておくことが重要になるのではないだろうか。

ペロシ訪台で際立った台湾の重要性

二〇二二年八月、台湾海峡では緊張が急速に高まっていた。台湾近海で中国軍による大規模な軍事演習が行われたためだ。

理由は明らかだった。この月の二日夜から三日にかけて、アメリカのナンシー・ペロシ下院議長が台北を訪問し、蔡英文総統と会談、台湾の民主主義を守っていくというアメリカの決意を強調した。

中国にとって台湾問題は絶対に譲ることのできない核心的利益のひとつだけに、猛烈な反発を示した。アメリカの下院議長は大統領が職務不能になったり辞任したりした場合の継承順位が副大統領に次いで第二位という高位の職である。その下院議長の訪台は、一九九七年のニュート・ギングリッチ下院議長以来実に四半世紀ぶりだった。加えて、ペロシ下院議長は中国の民主化運動やチベットのダライ・ラマ一四世を強く支持していることでも知られており、中国政府としては、そのような人物の訪台は看過できない行動だったと言える。

中国外交部からは、定例記者会見での米台双方の批判に加え、「『一つの中国』原則を骨抜きにするものであり、台湾海峡で意図的にトラブルを作り出そうとしている」、「中国人民はこれを受け入れることは絶対にない」という王毅外相のコメントを発表していることからも、事態を重く受け止めていたことがわかる。

人民解放軍も、ペロシ議長の台北到着日に軍用機二一機を台湾の防空識別圏に侵入させたほか、八月四日から七日にかけて台湾近海で前述の大規模な軍事演習を実施した。台湾の国防部は、中国から台湾近海に向けて弾道ミサイルが発射されたことを発表した。この他、中国から台湾に対し、コンクリートの材料に使う天然砂や一部食品の禁輸も実施された。

アメリカも、米台間で高位の政治家の訪問が行われれば、中国の激しい怒りを引き起こすことは織り込み済みだっただろう。過去には一九九五年に台湾の李登輝総統が訪米し母校のコーネル大学で演説をした際、中国が猛反発して軍事的示威行動を行い、第三次台湾海峡危機に発展したこともあった。それでもバイデン政権はペロシ訪台を黙認し、二〇二二年だけで六回にわたり台湾への武器売却を行うなど、台湾との関係強化に動いている。

その背景には、単に対中牽制というだけでなく、半導体をめぐる米中対立があると思われる。

半導体は、コンピュータやスマートフォンはもちろん、自動車から電化製品、精密機械まできわめて多くの製品にとって頭脳の役割を果たす、不可欠の戦略物資だ。半導体の製造は大きく二つに分かれている。ひとつは設計で、ＡＭＤやクアルコム、イギリスのアームといった企業が代表格だ。こうした半導体企業は自社で生産を行わない「ファブレス企業」で、「ファウンドリー」と呼ばれる企業に製造を委託している。ここで世界最大手として君臨しているのが、台湾積体電路製造、通称ＴＳＭＣだ。これに韓国のサムスンがつづく。委託生産というと、発注側のほうが立場が上で、受注企業は下と捉えられがちだ。しかし半導体に関してはそのようなことはなく、むしろ微細なチップを製造する技術を持つＴＳＭＣやサムスンのようなファウンドリーに引き受けてもらわないことには設計側の事業が立ち行かなくなるほどだ。なお、インテルの場合は、設計と製造の両方を手がけている。

戦略物資という半導体が持つ特質に着目し、中国との対抗関係を有利にすすめるべく活用したのがアメリカのトランプ政権だった。二〇一九年以降、華為技術（ファーウェイ）

や中興通訊（ＺＴＥ）をはじめとする中国の通信機器大手に対し、半導体の輸出を禁止したのである。中国国内でも半導体の製造は行っているものの、きわめて微細なレベルのチップを作る技術はなく、米欧日の企業と同様、国外のファウンドリーに委託していた。ファーウェイの場合、半導体設計会社である子会社のハイシリコンがＴＳＭＣからの製品供給を受けられないことになった。ＴＳＭＣはアメリカではなく台湾企業だが、二〇年五月に強化されたトランプ政権の措置では、アメリカの技術や装置を使っている場合は第三国・地域からの輸出も対象とされたためだ。

　アメリカは半導体のサプライチェーンから中国を締め出そうとしているが、そのサプライチェーン自体にも脆弱性がある。ＴＳＭＣのメイン工場が台湾にあるという点だ。新竹市は台湾北西部に位置し、台湾海峡に面した都市だ。ここにＴＳＭＣの工場があるのだが、仮に中国軍による台湾侵攻、つまり「台湾有事」が現実のものになった場合、被害を受けるのは確実だ。サプライチェーンが切れてしまえば、設計図があってもそれを製品にできなくなる。アメリカはもちろん、日欧はじめ世界中の経済活動に計り知れない影響を及ぼすことになる。それだけに、台湾を「死守」することのプライオリティはきわめて高い。

　ただし、当のＴＳＭＣを率いる劉徳音会長は二〇二二年一〇月、「米中貿易摩擦と両岸（筆者注：中台のこと）の緊張激化は、半導体業界を含むすべての産業に、より深刻な影響をもたらしている」と発言している。

そして半導体は、日米豪印の間でも重要なテーマになりつつある。二〇二二年五月のクアッド東京会合ではまさに半導体が議題のひとつとなった。共同声明では、「重要・新興技術」の項目で「グローバルな半導体サプライチェーンにおける日米豪印の能力及び脆弱性をマッピングし、多様で競争力のある半導体市場を実現するため、我々の補完的な強みを一層活用することを決定した」との文言が入った。クアッドとして何らかの取り組みを始めるというよりは、まだ「何ができるか」を見きわめるべく各国の状況を把握しようとしている段階のように見受けられる。しかし、半導体という戦略物資をめぐる協力体制の構築にかかわるだけに、これが具体化すればクアッドの求心力にもつながり得る。

半導体のサプライチェーンにインドは加われるか

アメリカは対中輸出規制を強める一方、巨額の補助金を提示してＴＳＭＣやサムスンの工場誘致を急いでいる。日本もＴＳＭＣの工場を誘致するとともに、次世代半導体の量産を目指す新会社「ラピダス」が設立されるなど巻き返しを図ろうとしており、半導体をめぐる関係国の動きが活発になっている。中国抜きの新たなバリューチェーンが形成されようとするなか、そこに割って入ろうとしている国がある――インドだ。

インドはモディ政権になった二〇一四年以来、「メイク・イン・インディア」というキャッチフレーズを掲げて製造業振興に取り組んでいる。自動車メーカーのスズキによる新工場建設や、台湾の鴻海精密工業（フォックスコン・テクノロジー）、和碩聯合科技（ペガトロン）、緯創資通（ウィストロン）によるアップルのｉＰｈｏｎｅ生産開始といった成果が出ており、中国に代わる製造業の拠点として注目が高まっている。だが、半導体分野では、インドの存在感は決して大きいとは言えないのが現状だろう。実際、これまで半導体関連で国際的に知られたインド企業や研究開発拠点があるという話は聞かない。

その状況がこの数年で変わりつつある。

インド政府は二〇二一年一二月末、電子情報技術省に「インド半導体ミッション」（ＩＳＭ）を立ち上げ、半導体とディスプレー製造のエコシステム（生態系）の構築に取り組んでいく方針を示した。外国ファウンドリーを誘致すべく、両分野とも事業費の半分をインド政府の補助金で負担するというスキームが示されている。

二〇二二年四月二九日から五月一日には、ＩＴ産業で知られるベンガルール（バンガロール）で「セミコンインディア２０２２」という国際会議がインド政府主催で開かれた。スタートアップを含む国内外の半導体関連企業や学術関係者らが出席したほか、モディ首相も開会式に駆けつける熱の入れようだった。

インドの半導体関連企業でもっとも目立った動きを見せているのが、ベダンタ（Vedanta）だ。同社はムンバイに本社を置き、鉱物を中心に幅広い資源関連事業を手がけてきた。創業者のアニル・アガルワルは立志伝中の人物だ。一九五四年生まれの彼は、高校卒業後、大学には進学せず実家のあったビハール州パトナーからボンベイ（現ムンバイ）に出て、くず鉄を扱うビジネスに従事したほか、七六年に銅線を製造する企業を買い取り、この会社がベダンタの前身ということのようだ。

半導体ビジネスにベダンタが関心を向け始めたのは最近のようで、二〇二〇年以前には関連報道は見当たらない。だが動き出してからは速く、二二年九月には台湾・鴻海精密工業傘下のフォックスコン（富士康科技）との間で、一兆五四五〇億ルピー（当時のレートで約一九五億ドル）を投じてインドのグジャラート州に工場を設立する合意を結んだ。ロイター通信の報道によると、新工場は二年以内に半導体チップと液晶ディスプレーを製造する予定で、一〇万人以上の雇用を創出できるという。ベダンタ創業者のアガルワルはツイッターで「インドのシリコンバレーができるまであと少しだ」と自信をのぞかせた。

ベダンタは日本の半導体関連企業とも協業を進めようとしている。ベダンタのプレスリリースによると、二〇二二年一二月に東京で「ベダンタ—アヴァンストレート・ビジネスパートナーサミット2022」が開催され、一〇〇社以上の参加があった。なお、アヴァンストレートはベダンタの子会社で、「本社を東京に置き、韓国と台湾で事業を展開するグローバル技術企業」だという。この場でベダンタは日本企業三〇社と基本合意書を交わしたと報じられている。ただし、日本側の企業名や合意内容は明らかにされていない。

モディ首相は「セミコンインディア2022」の開会あいさつで、インドを半導体のハブにするための提案を出してほしいと参加者に呼びかけた。また、インド国内の半導体需要は二〇二六年に八〇〇億ドルを超え、三〇年には一一〇〇億ドルを超える見通しだとして、市場としての魅力もアピールした。インド政府で半導体産業を主管する電子情報技術省のアシュウィニ・ヴァイシュナウ大臣も二三年一月下旬、世界経済フォーラムの年次総会（ダボス会議）に出席し、インドは半導体の重要サプライヤーになるべく、政府としても一〇〇億ドルを投資する用意があると発言した。

こうした取り組みは数年で結果が出るものではないし、どのようなレベルの半導体を生産するかもまだわかっていないが、将来この分野でもインドが重要なプレイヤーとして台頭することになるかもしれない。

コラム⑤　宇宙大国・インド

　インドといえば「ＩＴ」という印象が強いが、科学技術分野で進んでいるのはそれだけにとどまらない。宇宙開発でもインドは注目すべき成果を挙げているのだ。

　インドで宇宙開発を担当しているのは、「インド宇宙研究機関」（ＩＳＲＯ）だ。日本で言えばＪＡＸＡに相当する。一九六二年にネルー首相によって設立された「インド国立宇宙研究委員会」（ＩＮＣＯＳＰＡＲ）が前身で、六九年にＩＳＲＯとなり、宇宙庁の管轄下に置かれた。本部は南部カルナータカ州ベンガルール（バンガロール）に置き、現在では一万七〇〇〇人近いスタッフが勤務している。

　ＩＳＲＯは一九七五年に初の国産人工衛星「アーリヤバタ」（五世紀に活躍した天文学者・数学者の名前に由来する）を開発し、打ち上げに成功した。ただしこのときはソ連のロケットを用いてソ連領内のカプースチン・ヤールから打ち上げられたものだった。

　その後、ＩＳＲＯは打上機「ＳＬＶ」の開発にも取り組んだ。一九八〇年七月には人工衛星打ち上げロケット「ＳＬＶ－Ⅲ」によって、インド国内のサティーシュ・ダワン宇宙センターから人工衛星が地球低軌道に投入された。

このときＳＬＶ開発プロジェクトの責任者をしていたのが、Ａ・Ｐ・Ｊ・アブドゥル・カラムという科学者だった。彼はその後、国防研究開発機構（ＤＲＤＯ）の所長として国産ミサイルの開発に取り組んだほか、九八年のインド核実験の際には政府の首席科学顧問として重要な役割を担った。こうした科学技術面での功績が評価されて、二〇〇二年の大統領選挙で、当時与党だったインド人民党（ＢＪＰ）の候補となり、圧倒的多数で選出された（なお、インドでは大統領の役割は儀礼的なもので、行政府の長は首相である）。

ＳＬＶの成功を受けて、ＩＳＲＯは極軌道打上機「ＰＳＬＶ」や静止衛星打上機「ＧＳＬＶ」も開発した。人工衛星の開発も継続され、リモートセンシング衛星「ＩＲＳ」や通信衛星「ＩＮＳＡＴ」、気象衛星「ＭＥＴＳＡＴ」が打ち上げられ、運用されている。

インドの宇宙開発が新たな段階に入ったのは、二〇〇八年のことだ。一〇月二二日に無人月探査機「チャンドラヤーン一号」（「月の乗り物」を意味する）の打ち上げが行われたのである。探査機は一一月八日に月周回軌道に投入され、月表面の観測を開始した。「チャンドラヤーン一号」には、アメリカ航空宇宙局（NASA）やヨーロッパ宇宙機関（ESA）などの観測機器も搭載されていた。筆者はちょうどこのときインドのデリーに駐在していたが、メディアは連日この話題で持ちきりで、チャンドラヤーン一号の状況に国民が熱狂していたのをいまでもよく覚えている。なお、このミッションは当初二年の予定だったが、機器の故障により〇九年八月で通信が途絶え、終了となった。

二〇一九年七月二二日には、「チャンドラヤーン二号」の打ち上げも行われた。このミッションは、チャンドラヤーン二号から着陸機「ヴィクラム」を切り離して月の南極付近に着陸させ、月面の水の状況を探査するものだった。成功すればソ連、アメリカ、中国に次いで世界で四番目になれるだけに、インド国内の期待は高かった。ところが、九月七日にヴィクラムとの交信が途絶えてしまい、着陸には至らなかった。

このように失敗もあるが、二〇一九年三月にはミサイルによる人工衛星の破壊に成功するなど、インドは着々と実績を積み重ねつつある。目下の最大のプロジェクトは、有人宇宙飛行計画だ。三人乗りの軌道周回機「ガガンヤーン」（「宇宙の乗り物」の意味）をGSLV—IIIロケットで打ち上げ、二日間地球の軌道を周回してから帰還させるという。

有人宇宙飛行に成功したのは、これまでソ連、アメリカ、中国（二〇〇三年の「神舟五号」）の三か国だけだ。インドは二〇〇〇年代後半に計画に着手し、〇九年に政府によって承認された。だが、当初一六年に打ち上げが予定されていたものの、巨額の予算を確保するメドが立たず、一時は計画中止も取り沙汰された。モディ政権になってから再度計画を推進することになり、実現に向けて関連実験が行われている。新型コロナウイルスの感染拡大でここでも計画に遅延を来しているが、二三年後半から二四年前半にかけて無人機のミッションを二回実施した上で、二四年第四四半期に有人ミッションを行うという。

アジアでは、中国が宇宙開発を積極的に推進しているだけに、インドとしても後れを取ってはならないとの意識があるのだろう。こうした状況を踏まえ、宇宙開発でもインドと日米豪の協力が始まりつつある。二〇二二年五月のクアッド東京会合では、地球観測衛星データの共有や宇宙関連のアプリケーションの開発に向けて取り組んでいくことが謳われた。平和利用が大前提だが、今後この分野でも主要国間の競争が活発になりそうだ。

第六章

ロシアをめぐる駆け引き
——接近するインド、反発する米欧、静かに動く中国

「実利」優先のインド外交

ウクライナ侵攻を受けて国連安全保障理事会がロシア非難決議案の採決を行った際、インドは賛成でも反対でもない「棄権」という投票行動をとった。それが国際社会に大きな波紋を呼んだことは本書冒頭で記したとおりだ。その背景には、インドが自国の生存にとって死活的に重要な分野でロシアと密接に協力していることがある。第一章でも触れたように、両国関係は旧ソ連時代からつづいてきた。

インドはさまざまな分野でロシアと深い関係を有しているが、なかでもきわめて重要なのが軍事面での協力だ。インドのD・B・ヴェンカテーシュ・ヴァルマ駐ロシア大使は二〇二〇年七月のロシア紙とのインタビューで、軍事技術協力は印露関係の「最重要の柱のひとつ」とした上で、「インド軍の装備の六〇～七〇％以上がロシア製の兵器だ」と語っていた。

近年、インド軍は兵器調達先の多角化と国産化を進めており、ロシア製の割合は減りつつあるとの報告もある。ストックホルム国際平和研究所（SIPRI）が二〇二二年三月に発表した報告書によると、インドの総兵器輸入にロシア製が占める割合は、一二～一六年に六九％だったのが、一七～二一年には四六％にまで低下しているとされる。個別の兵器購入を見ても、インド空軍が多目的中距離戦闘機としてフランス・ダッソー社の「ラファール」を採用したほか、陸軍では「アパッチ」や「チヌーク」といったアメリカ・ボーイング社製のヘリコプターも配備されている。イスラエルからの兵器輸入も増加傾向にあり、ミサイルや無人偵察機、レーダー等で同国製のものが増えている。

とはいうものの、依然として軍備の中核的な部分でロシア製兵器の存在感は圧倒的である。陸軍では、陸戦で中心的な役割を担う戦車は、国産の「アルジュン」を除き、九割以上が「Ｔ－90」や「Ｔ－72」といったロシア製で占められている。歩兵の装備についても、二〇二二年一月にはロシア・カラシニコフ社製自動小銃「ＡＫ－２０３」が七万挺引き渡されたほか、今後インド国内の工場で六〇万挺ライセンス生産する契約がまとまったとも報じられた。超音速ミサイル「ブラーモス」――インド神話の「ブラフマ」と「モスクワ」を合わせたネーミングだ――は印露が共同で開発したものだし、インド海軍が保有する空母二隻のうちの一隻である「ヴィクラマディティヤ」は、元はロシア海軍の重航空巡洋艦「アドミラル・ゴルシコフ」を改装して購入したものである。空軍でも、欧米製の航空機が増えている一方で、「スホーイＳｕ－30」や「ミグＭｉＧ－21」といった旧ソ連・ロシア製の戦闘機が現役である。ミサイル防衛面では、アメリカが「パトリオット」の採用を強く働きかけていたにもかかわらず、ロシア製の超長距離地対空ミサイル「S－400トリウームフ」を採用したこともあった。

加えて、こうしたロシア製兵器の運用に際しては、部品や弾薬の供給、兵士の習熟度の問題もあり、非ロシア製の割合が今後高まっていくにしても、急激なかたちで進むことは考えにくい。

「特別で特権的な戦略的パートナーシップ」の構築

二〇〇〇年以降、印露はふたたび接近を図るようになる。同年一〇月にプーチン大統領の訪印が行われ、戦略的パートナーシップの構築に関する宣言が発出された。宣言によると、年次首脳会談の開催を中心とする政治関係の強化、「貿易経済科学技術文化協力政府間委員会」（IGC）の枠組みでの緊密な協力の強化、長期的観点からの防衛・軍事技術協力の確立、といった項目が列挙されている。この一〇年後に当たる二〇一〇年一二月には、ドミトリー・メドヴェージェフ大統領による訪印が行われ、両国は関係を「特別で特権的（Privileged）な戦略的パートナーシップ」に引き上げることに合意した。インドは二〇一四年に日本と「特別戦略的グローバル・パートナーシップ」を、翌一五年には韓国とも「特別戦略的パートナーシップ」を構築したが、ロシアとはより早い段階で、単なる「戦略的パートナーシップ」よりもさらに踏み込んだ関係を構築していたことになる。

国際場裏での協力も印露関係で大きな位置を占めている。インドにとっては、カシミール問題に関し自国に不利な内容の決議案が国連安保理に提出された際、拒否権を発動し否決に持ち込んでくれるという点で、ロシアは欠かすことのできないパートナーなのだ。インドがロシア非難決議案の採決を棄権しているのは、こうしたロシアの行動と対を成すものと言える。なお、一九七九年に当時のソ連がアフガニスタンに侵攻したときも国連総会の緊急特別会合が招集されてソ連非難決議が採択されたが、インドは棄権しており、ウクライナをめぐる今回の対応と共通性を感じさせる。ただ、インドがアメリカとの関係強化を進めていることで、「インドの利益代弁者」としてのロシアの価値は相対的に低下しているとの指摘もある。

インドのロシア産原油「爆買い」

ウクライナ侵攻を受けて、米欧は対ロシア経済制裁を発動した。ＥＵは二〇二二年四月上旬にロシア産石炭の禁輸、六月初旬には同国産原油の禁輸について合意した。天然ガスについては加盟国間で温度差があるようだが、ロシアの主力輸出品目であるエネルギーをＥＵとして拒否する姿勢を強めることで、経済面からロシアを締め付けようとしている。なお、アメリカはロシア産エネルギーに依存していないことから、原油、石炭、天然ガスの禁輸を早い段階から表明していた。また、米欧ともに金融面ではＳＷＩＦＴ（銀行間の国際金融取引に関するネットワークシステム）からのロシア締め出しやロシア中央銀行の資産凍結など、厳しい措置をとっている。日本も、ロシアのサハリン２への出資と天然ガスの輸入を継続しながらも、米欧と足並みを揃えて経済制裁に加わっている。

これに対し、インドは米欧と真逆に近い対応を取っている。ウクライナ侵攻後、インドはロシア産原油と石炭の輸入を急増させているのである。ロイター通信の調査によると、二〇二二年五月二七日から六月一五日にかけてのインドのロシア産石炭の輸入量は約三億三一一七万ドルで、前年同期比で六倍を記録したほか、原油にいたっては二二億二〇〇〇万ドルで、前年同期比で三一倍にもなったという。

インドの石油消費量は世界第三位だが、八五％を輸入に頼っている。原油輸入相手国は、二〇二一年度時点ではイラク、サウジアラビア、アラブ首長国連邦（ＵＡＥ）の中東勢がトップ３で、アメリカが四位でつづいた。ロシアは九位でしかなかった。しかし、二二年半ばから最大の輸入相手国となり、輸入量も同年六月に日量九四万バレルとなり、一二月には日量一一九万バレルと一〇〇万バレルの大台を突破した。

世界的な資源価格の高騰がつづくなか、巨大な人口を抱えるインドにとって安価なエネルギーの確保はきわめて重要なミッションだ。したがって、関係の深いロシアから原油や石炭を安価で購入できるのであれば、活用しない手はないというのがインドの考えのように見える。実際、ロシアはインドに対し割引価格で原油を輸出しているとされ、タンカーによる輸送費や保険料を含めても、中東産と比べ安価なようだ。

だがその一方で、こうしたインドの対応については、経済制裁の効果を弱めることになりかねないとして、制裁を主導する国から懸念の声が上がっている。アメリカのバイデン大統領は、四月一一日にモディ首相とオンライン首脳会談を行った際、ロシア産の原油とガスの輸入を増加させないよう求めた。会談前にはアメリカ政府高官が、原油をはじめロシアとの貿易を拡大させるのであれば、インドは「重大な影響」を被ることになると警告を発したこともあった。ただし、アメリカもインドに対しロシア産エネルギーの禁輸までは求めてはいない。四月以降もインドがロシアとの取引を継続、さらには量を急増させていても、具体的に制裁措置を講じているわけでもない。

インドはロシア産原油の輸入をめぐるこうした懸念に対して、真っ向から反論している。ジャイシャンカル外相は四月にワシントンで行われた印米外務・国防担当閣僚会議（2＋2）後の記者会見で、こう発言した。

「ロシアからのエネルギー購入について取り上げるのであれば、ヨーロッパに注意を向けることをおすすめする。インドがエネルギーを（引用者注：ロシアから）購入しているのはたしかだが、それは自国のエネルギー安全保障にとって必要だからだ。（中略）インドが一か月で購入した量は、ヨーロッパが半日で購入する分にすら満たないのではないか」

つまり、ヨーロッパはインドを批判するが、対露経済制裁を行っている一方でロシアからパイプライン「ノルドストリーム」経由で天然ガスの購入をつづけているではないか、それも大量に、というわけだ。

ジャイシャンカル外相は八月中旬にタイのバンコクを訪問した際にも、現地インド人コミュニティを対象とした講演で「インド政府は自国の利益保護についてきわめて率直な姿勢をとっている。インドの一人当たり収入は二〇〇〇ドルだ。高騰するエネルギー価格に対応できるような人びとではないのだ。国民が最良の条件で（引用者注：エネルギーを）得られるようにすることは、わたしの道徳的責務なのだ」と語っており、自国の姿勢を正当化している。

インドの原発建設もロシアが支援

石油・石炭の輸入とは別に、インドとロシアの原子力分野での協力も顕著だ。インドにとっては、一四億を突破した膨大な人口と急速な経済成長を支えるため、電力の確保が至上命題である。インドは二〇〇五年にアメリカと民生用原子力合意を発表して以来、原子力供給国グループ（ＮＳＧ）での自国の例外化実現、日本を含む原子力関係各国との協力協定締結など、積極的な活動を展開してきたが、それも原子力発電の拡大によって電力の安定供給を図りたいというねらいがあった。ところが、アメリカが原発事故が起きた際の供給者責任および賠償について定めたインドの国内法をめぐり厳しい姿勢を示したことで、二〇二三年時点でも実際に原発を新たに建設する段階に入ることができていない。

しかし、この分野でも具体的な協力をいち早く提供してくれたのはロシアだった。インド南部タミル・ナードゥ州クダンクラムでは、ロシアの原子力企業アトムストロイエクスポルトによって原子炉二基の建設が二〇〇二年三月にすでに始まっていた（発注事業者はインド原子力公社（NPCIL））。一号機が一三年一〇月に、二号機が一六年一〇月に運用を開始しており、さらに四基（三～六号機）の建設が進行中である。

インドはクダンクラム以外でも原発の新規建設計画を国内各地で進めているが、国際的なエネルギー価格の高騰が今後も続くようであれば、二〇二〇年代半ばから後半にかけての運用開始が見込まれるクダンクラムの三～六号機にかかる期待は一層大きなものになるだろう。

「いまは戦争の時代ではない」――モディが苦言を呈した背景は

ロシア寄りの姿勢が目立っていたインドだが、ウクライナ侵攻開始から半年あまりを経た頃から変化が見えつつある。

その発端となったのが、二〇二二年九月一六日の印露首脳会談だった。このときウズベキスタンのサマルカンドでは上海協力機構（SCO）首脳会議が開かれており、ともに加盟国であるインドとロシアをそれぞれ代表して、モディ首相とプーチン大統領も出席していたことから、この機会を捉えて二国間会談が実現した。

「いまは戦争の時代ではない」、「このことは電話会談でも伝えてきたではありませんか」――会談でモディ首相はプーチン大統領に向かい、ヒンディー語でそう告げた。この会談では冒頭にテレビカメラが入っており、自分の発言が世界に流れることをモディ首相はよくわかっていたはずだ。

これに対し、プーチン大統領は「ウクライナでの紛争について、あなたがとっている姿勢は承知しているし、あなたの懸念も理解している。この事態をできるかぎり早期に終わらせたいと思っている」と応えたという。

その翌月には、インドのラージナート・シン国防相がロシアのショイグ国防相との電話会談で、「核兵器あるいは放射性物質兵器の使用を示唆することは、人類の基本理念に反している」として、「いかなる側も核という選択肢に訴えるべきではない」との見方を示した。会談の数日前には、ショイグ国防相が米英仏トルコの国防相と個別に電話会談を行い、「ウクライナは『ダーティー・ボム』（汚い爆弾）を使う可能性がある」として懸念を伝えていた。「ダーティー・ボム」とは、爆発によって放射性物質を拡散させることで被害をもたらす爆弾のことだ。ウクライナ側は即座にこの主張を全面否定し、ゼレンスキー大統領は放射性物質を用いた攻撃を計画しているのはむしろロシアのほうではないか、と反論した。シン国防相の発言は、こうした経緯を踏まえて、戦闘が一線を越えることがないよう強い懸念を示したものと言えた。

ジャイシャンカル外相も、一一月八日にモスクワで行われたラブロフ外相との会談で「いまは戦争の時代ではない」というモディ発言をなぞるとともに、「グローバル経済はきわめて深く相互依存しており、いかなる場所であれ重大な紛争が起きれば、別の場所に深刻な影響を及ぼさずにはいられない」と懸念を示した。

さらに、二〇二二年一二月のプーチンとの首脳会談も見送りになった。日印もそうだが、印露間も首脳が毎年交互に相手国を訪問する約束がある。二一年はプーチンが訪印したので、今度はモディ首相が訪露する番のはずだった。

こうしたインドの対応は、バラバラに行われたのではなく、対露姿勢のあり方を慎重に判断し、かつ国際社会がどう反応するかを念頭に置いた上でとられたものだろう。インド自身は理由を説明していないが、二つの仮説が考えられる。

まず、インドが紛争解決に主要な役割を担うべく、本腰を入れ始めたという見方だ。これまで仲介役としては、トルコの役割が目立っていた。侵攻開始の翌月にはロシアとウクライナの対話を仲介し、トルコ南部のアンタルヤで外相会談を実現させた。ウクライナの小麦を黒海経由で安全に輸出するプロジェクトについても、トルコのチャブシオール外相がロシア・ウクライナ双方と協議し、実現に導いた。一方、インドは紛争勃発当初から「対話と外交が唯一の解決の道」と主張はしていたものの、具体的な成果を出すまでには至っていなかった。

　しかし紛争が長期化し、ロシア・ウクライナともに譲らない状況がつづき、米欧もウクライナへの軍事支援を強化しているものの、出口を見出せないでいる。こうした状況の下、プーチン大統領はじめロシア側と直接対話ができる自分たちがいまこそ前に出るときだと考えたのかもしれない。グローバル大国として台頭していくなかで、南アジアやインド洋だけにとどまらず、世界全体の課題に関わっていこうという姿勢の現れとして捉えることもできる。

　他方で、インドの対露姿勢が変わったと言ってもそれは米欧の批判をかわすためにすぎず、言葉以上のものではないという可能性も考えられる。インドがロシアとの実利的関係を追求する側面がクローズアップされるあまり、批判的な見方が強まっていることへの対策というわけだ。エネルギーの輸入や兵器の購入について対応に変化がなければ、インドのロシア依存はつづくということであり、そうした状態でウクライナ侵攻をめぐりさらに強い姿勢で臨むことができるのかという疑問もわく。

もうひとつ重要なことがあるとすれば、こうしたインドの「直言」がはたしてロシアの行動を変えているのかという点だ。二〇二二年九月のモディ・プーチン会談から五日後、プーチン大統領はテレビ演説を行い、部分的動員令を発令した。九月末には、ロシアは占領下にあるウクライナの東・南部四州について、「住民投票」の結果にもとづき自国への編入を決めた。こうしたロシア側の対応を見るかぎり、戦争を終結させる方向に進んでいるとは到底思えなかった。

いずれにしても、インドにかかる期待は大きい。とくに二〇二三年はインドがG20の議長国であるため、ウクライナ紛争の出口戦略をリードしうる立場にある。ウクライナのゼレンスキー大統領も、二二年一二月下旬にモディ首相と電話会談を行い、「『和平のフォーミュラ』の実現に向けてインドに協力を期待している」と語った。「和平のフォーミュラ」とは、一一月にインドネシアが議長国として開催したバリでのG20サミットで、ゼレンスキー大統領がオンライン演説の中で提案した一〇項目からなる和平提案だ。

一〇項目には「ロシア軍のウクライナからの完全撤退」や「戦争犯罪者の訴追」といった内容も含まれるため、これをもとにインドが合意形成を図ることは考えにくい。だが、

G20は米欧もロシアも参加するフォーラムであり、かつ双方と良好な関係にあるインドが議長国を務めるという、またとない環境にある。この機会を活かせるかどうかが、ウクライナ紛争の出口を見出していく上で重要な意味合いを持つと言えるだろう。

ロシア・ウクライナ双方と関係が深い中国

米欧やインドの動きに注目が集まるなか、状況を慎重に見きわめながら静かに動いているのが中国だ。

中国もロシアと密接な関係にあることはよく知られている。かつての中ソ対立がうそのように、戦略的パートナーシップのもとで二国間、地域、そしてグローバルなレベルで連携を進めている。ウクライナ侵攻の直前、北京で冬季五輪が行われたときには、プーチン大統領自ら開会式に駆けつけ、習近平主席とも会談した。

とはいうものの、ロシアのウクライナ侵攻をめぐっては、中国は慎重な姿勢をとっている。侵攻が伝えられた二〇二二年二月二四日の定例記者会見で、中国外交部の華春瑩報道官は「双方が抑制を保ち、情勢がコントロールできなくなる事態が回避されるよう呼びかける」、「双方が和平の大門を閉ざすことなく、対話、協議、交渉を継続し、速やかに緊張を緩和し、事態をさらにエスカレートさせないことを望んでいる」と発言し、ロシア非難の言葉はなかった。

国連安保理のロシア非難決議案採決では、インドと同じく「棄権」にまわった。ただし、四月七日に総会の緊急特別会合で行われた、国連人権理事会でのロシアの資格停止に関する決議案では、中国は反対票を投じた。張軍国連大使は、決議案は「火に油を注ぐもの」であり、ロシアの資格停止は「危険な前例を作り出すことになる」と理由を説明した。

このときの採決で目を引いたのは、その前に二度にわたりロシア非難決議案が採択されたときと比べて、棄権あるいは反対した国が多かったことだ。中国以外にも、アルジェリアやキューバ、カザフスタン、ウズベキスタンなどそれ以前のロシア非難決議で棄権だった国が反対に転じた。なお、採択には投票数の三分の二の賛成が必要になる。しかしここでは棄権票は投票数に含まれないので、一一七票のうち賛成が九三票で採択された。

九月のＳＣＯ首脳会議では、習近平主席もプーチン大統領と二国間の首脳会談を行った。会談についての中国外交部の発表を見ると、当たり障りのないことしか書かれていない。だが、ＢＢＣはじめ外国メディアは、プーチン大統領の発言を伝えるかたちで、ウクライナ情勢について中国が「疑問と懸念」を提起したと報じている。インドと同様、中国もウ

賛成(93)	アメリカ、イギリス、フランス、ドイツ、日本、イタリア、スペイン、ウクライナ、カナダ、オーストラリア、ニュージーランド、韓国など
棄権(58)	インド、ブラジル、南アフリカ、メキシコ、タイ、シンガポール、インドネシア、マレーシア、ケニア、サウジアラビア、カタール、アラブ首長国連邦、エジプト、パキスタン、バングラデシュなど
反対(24)	ロシア、中国、キューバ、北朝鮮、イラン、シリア、ベラルーシ、アルジェリア、ベトナム、ラオス、カザフスタン、ウズベキスタン、キルギス、タジキスタン、ジンバブエ、コンゴ共和国など

国連人権理事会でのロシア資格停止に関する
総会決議案への対応(2022年4月7日)
出所)国連ウェブサイト(https://news.un.org/en/)をもとに作成

クライナ侵攻が始まって以来、ロシア産原油の輸入を急増させるなど経済面での利益を得ている。とはいえ、中国としても紛争の長期化を望んでいるわけではないというメッセージを送ったものと言えそうだ。

こうした背景には、中国はロシアだけでなく、ウクライナとも経済面で関係が深いことがある。二〇一九年以来、ウクライナにとって中国は最大の貿易相手国になっている。ウクライナは大麦やヒマワリ油をはじめとする農産品を中国に輸出しており、とくにトウモロコシは中国の需要の約三分の一を占めているという。一九年には首都キーウの地下鉄で4G通信ネットワークを整備するプロジェクトをファーウェイが落札するなど、中国企業のインフラ整備事業への参加もある。

さらに、より大きな要因としては、対米関係をこれ以上悪化させるのは得策ではないという判断があるのではないだろうか。米中対立がつづくなかで、中国がロシア寄りの姿勢を強めるようなことがあれば、アメリカが対中規制をさらに強めることになりかねない。二〇二三年一月下旬のブルームバーグの報道では、バイデン政権が中国に対し、同国の一部の国有企業がウクライナ侵攻に関連してロシアとつながりがあることを示す証拠を示したとされた。中国側はこの報道を「妄想だ」と一蹴したが、アメリカが中露のつながりに厳しい目を向けていることは十分伝わったはずだ。だからといって中国が対露経済関係の縮小に動くことにはならないにしても、疑念を抱かれないようこれまで以上に慎重に対応していくと見られる。

インドとロシアの間にくさびを打ち込め——中東版クアッド「Ｉ２Ｕ２」

ロシアによるウクライナ侵攻がつづくなか、アメリカは中東とインドを対象とした新構想に着手した。インド、イスラエル、アメリカ（ＵＳ）、アラブ首長国連邦（ＵＡＥ）で構成される協議枠組みを立ち上げたのだ。四か国の頭文字をまとめて「Ｉ２Ｕ２」と呼ばれるこの枠組みは、いったい何を目的としたものなのか。アメリカ主導で始まり、四か国が参加することから「中東版クアッド」とも呼ばれるが、日米豪印のように安全保障を軸として連携を図っていくのだろうか。

I2U2の構想が明らかになったのは、二〇二一年一〇月のことだった。インドのジャイシャンカル外相がイスラエルを訪問した際、同国のヤイル・ラピド外相、さらにアメリカのブリンケン国務長官とUAEのアブダッラー外相がオンラインで加わるかたちで、四か国外相会談が開かれた。この場で、「中東とアジアで政治・経済面の協力を拡大する」べく、四か国によるフォーラムを立ち上げることが決まった。二二年四月にワシントンで開かれた印米「2＋2」協議でもI2U2構想が取り上げられた。

二〇二二年七月一四日には、早くも首脳会議が実現した。発表された共同声明によると、「食糧およびエネルギー安全保障の確保」、「インフラの近代化」、「低炭素開発の促進」、「公衆衛生とワクチンへのアクセス改善」、「中東諸国間の連携促進」などが具体的な協力分野として列挙されている。とくに食糧安全保障では、UAEが二〇億ドルを投じて「統合フードパーク」をインド全土に展開し、フードロスの削減や淡水使用量の節減、再生可能エネルギーの利用を促進していくとした。またクリーンエネルギーの分野でも、インドのグジャラート州で風力と太陽光発電からなるハイブリッド再生可能エネルギーを四か国の連携の下に推進するとした。

こうした内容を見るかぎり、現時点ではI2U2は軍事的性格を帯びた枠組みではないように映る。しかし、食糧安全保障にしてもクリーンエネルギーにしても、まずインドでプロジェクトを進めようとしていることを考えれば、ねらいは明らかだろう。アメリカ、イスラエル、UAEが資金と技術を提供してインドにベネフィットをもたらす。それを通じて、インドをアメリカ主導の陣営に取り込むと同時に、ロシアとのあいだにくさびを打つ——そうした意図が透けて見えてくる。

さらに、UAEもロシアと密接な関係を保っていることもI2U2立ち上げの背景にあったのではないだろうか。国連安保理でのロシア非難決議案の採決で棄権にまわったのは中国とインド、そしてUAEだった。UAEは湾岸諸国の中でも親露路線を明確にしてきた国で、二〇一七年には第五世代戦闘機の共同生産についての合意がまとまるなど、軍事面での結びつきも強い。一方で、UAEは二〇年八月にイスラエルと国交正常化を実現しており、アメリカとイスラエルがいる枠組みに加わるハードルは他の湾岸諸国に比べて低い。

「インド大西洋」という呼称はさすがにないが、アメリカは東からの日米豪印クアッドだけでなく、西からもＩ２Ｕ２を推進することで、二方向からインドにアプローチをかけようとしているようだ。

コラム⑥ インドのスターリン——いまも残る「ソ連」、「社会主義」、「共産党」

インドにはスターリンがいる——こう書くと、かつてソ連を支配したスターリンのような強権指導者がいるのかと思うかもしれない。実はそういう話ではなく、「スターリン」という名前の政治家がいるのだ。その人物は、「M・K・スターリン」といい、二〇二一年五月から南部の重要州タミル・ナードゥの州首相を務めている。タミル・ナードゥ州は七二〇〇万超の人口を擁し、州都チェンナイ（旧マドラス）には自動車産業はじめ外資も多く進出している。

彼の父カルナニディは元々劇作家で、政界入りしタミル・ナードゥの有力地域政党「ドラヴィダ進歩連盟」（DMK）を長年率いていた大物政治家だ。一九五三年三月、そのカルナニディに三番目の息子が生まれた。その四日後、ソ連でヨシフ・スターリンが亡くなった。そこで彼は哀悼の意を込めて、生まれたばかりの三男に「スターリン」と名付けた——というわけだ。印ソ平和友好協力条約を結ぶのは七一年のことだが、それ以前からインドに親ソ姿勢があったことがうかがえるエピソードと言える。

ちなみに、当のスターリン州首相は若手政治家だった一九八九年にソ連を訪問した際、空港の入国審査で係官から呼び止められ、執拗な質問を受けた経験があるという。

インドにはレーニンもいる。ただし、こちらは生身の人間ではなく、銅像だ。さすがに「本家」のロシアでは残っているようだが、海外のレーニン像は近年、撤去が相次いでいる。ウクライナでは二〇一四年のマイダン革命の際にレーニン像が引き倒されたし、フィンランドでも二二年一〇月に最後のレーニン像が撤去された。

こうしたなか、インドではレーニン像がいまも健在だ。しかも、コルカタ（旧カルカッタ）をはじめ複数の都市にある。有名なものとしては、首都デリーのレーニン像が挙げられる。大使館街となっているチャーナキャプリ地区には、ネルー・パークという広大な公園が広がっている。その一角にレーニン像があるのだ。一九八七年にロシア革命七十周年を記念して設置されたもので、除幕式にはソ連のルイシコフ首相とインドのラジーヴ・ガンディー首相が出席したという。ちなみにこのレーニン像、在インド日本大使館からも近い。

また、デリーには人名にちなんだ通りが多数ある。インドの皇帝や近現代の政治家だけでなく、「ネルソン・マンデラ・ロード」のように海外の人物から取られている場合も少なくない。ロシアがらみでは「トルストイ・マルグ（通り）」があるし、社会主義陣営まで広げれば、旧ユーゴスラビアの指導者の名を冠した「ヨシップ・ブロズ・チトー・マルグ」もある。

いまではすっかり資本主義の雄と見なされているインドだが、独立後、初代首相のジャワーハルラール・ネルーの下で社会主義色の強い経済政策が採用された。一九四九年に発布された憲法の前文では、インドは「主権を有する社会主義の世俗的民主共和国である」と宣言されている。以前は政府の「計画委員会」が経済の司令塔として大きな権限を持っていた。一方で、私営企業の活動は認められ、計画経済と市場経済が併存するという「混合経済」体制がつづいた。この方針は、九一年に経済自由化がはじまったことで大きく変化していった。

政治面でも、共産党が一定の勢力を保っている。「インド共産党」（ＣＰＩ）や「インド共産党（マルクス主義派）」（ＣＰＩ－Ｍ）など複数の党があり、「左翼戦線」あるいは「左派勢力」と呼ばれている。インド南部のケーララ州では現在も州政権を担っている。西ベンガル州では政権を失ってから久しいが、いまでも州内を車で移動していると、都市でも地方でもハンマーと鎌が描かれた赤い旗をよく見かける。

中央政治でも、かつて左派は存在感があった。一九九六年の政局混乱時、有力首相候補として名前が挙がったのはCPI－Mの幹部で西ベンガル州首相を務めていたジョティ・バスだった。本人が固辞したため結局実現はしなかったが、共産党出身の首相が誕生してもおかしくなかったのである。二〇〇八年にインド国民会議派政権がアメリカとの民生用原子力協定を進めようとした際には、反米傾向が強い左派勢力が閣外協力の撤回をちらつかせて阻止を試みたことがあった。このときマンモーハン・シン首相は連立を組み替えて乗り切ったのだが、政権を崩壊させ得るほどの力があったのである。だが、その後は選挙を経るごとに勢力を減らし、影響力は限られているのが現状だ。

　なお、これだけロシアとの関係が深いにもかかわらず、あまり浸透していないものがある。それはロシア料理だ。少なくとも現在のデリーでは、ロシア料理レストランはほぼ皆無の状態だ。かつてあった店は営業をやめ、別の店はウズベキスタン料理がメインでロシア料理も出す程度だ。ボルシチには牛肉が、ピロシキも牛豚合い挽き肉がそれぞれ使われるだけに、インド人には受け入れられなかったのかもしれない。

あとがき　インドと中国が争う新時代の国際秩序形成

二〇二二年以来、インドでは「アーザーディ・カ・アムリト・マホトサヴ（Azadi Ka Amrit Mahotsav）」というフレーズが政府のウェブサイトや主催イベントで使用されるようになっている。これは、インド独立七十五周年を記念するもので、「アーザーディ（アーザード）」とは「自由」「独立」を意味する。「アムリト」は、インド神話に出てくる「アムリタ（甘露）」のことだ。全体を意訳すれば、「自由の恵みを祝う大祭」といったところになるだろうか。

そしてもうひとつ、「アムリト・カール（Amrit Kaal）」というフレーズも耳にするようになった。筆者は二〇二三年一月、都内のホテルで開かれたインド共和国記念日の祝賀レセプションに出席したが、シビ・ジョージ駐日大使もスピーチのなかでこの言葉に言及していたことが印象に残っている。

「アムリト・カール」とは、インドのヴェーダ占星術に起源を持つ言葉で、「大いなる歓喜の門が開かれる、決定的な期間」を意味し、新たな目標に向けて取り組みをはじめる最適のタイミングと位置づけられているという。

この言葉を政治演説ではじめて用いたのは、モディ首相だった。二〇二二年八月一五日の独立記念日演説で、インド独立百周年までの二十五年間を「アムリト・カール」と位置づけ、発展に向けたロードマップを示した。二三年二月、ニルマラ・シータラマン財務相も二三／二四年度の予算案を議会で発表した際、「これはアムリト・カールの中での初の予算案です」などと繰り返しこのフレーズに言及していた。

当初、筆者はインドがなぜ「七十五周年」という、ややキリの悪い数字を節目にしているのかと不思議に感じていたが、「独立百周年に向けた二十五年」を重視していることを踏まえると、腑に落ちた気がした。

その二十五年のスタートという意味でも、二〇二三年はインドにとって重要な意味を持つ年になる。本書でも何度か触れてきたように、インドはG20の議長国として先進国と新興国・発展途上国のバランスをとりながら、世界が直面する課題への対処を導いていく立場に置かれている。ウクライナ紛争はもちろんだが、気候変動や食糧・エネルギー価格の高騰をはじめとしてグローバルな課題は山積している。インドは二三年一月に「グローバル・サウスの声」サミットをオンライン形式で開催したが、これも発展途上国の代弁者たらんとする姿勢を示したものと言えるだろう。

一方、経済と軍事の両面でインドの先を行く中国も、国力のさらなる向上に邁進している。新型コロナウイルスの感染再拡大と「ゼロコロナ」政策からの転換により、中国の社会と経済は一時期大きな混乱に見舞われた。成長は急速に鈍化し、二〇二二年のGDP成長率は三・〇%という低水準だった。中長期的には、少子高齢化が日本の一〇倍の規模で進んでいくことになる。だが、「一帯一路」を推進する姿勢に変化はなく、軍事面でも増強傾向がつづくことは確実で、ユーラシアとインド太平洋でさらなる影響力の拡大を図っていくだろう。

こうした状況について、日本では「混沌」、「秩序の崩壊」といったネガティブな文脈で捉えられることが多いように感じられる。だが、インドでは必ずしも悲観的な受け止め方はされていない。むしろ、自分たちは多極世界のもとで有利に動くことができる――インドはそう考えている。

ジャイシャンカル外相は『インド外交の流儀』で、「多極世界にはリスクがつきまとう」としながらも、「フラット化が進む世界は好ましい状況だ」、「インドのような国こそ、よりオープンな姿勢で対処できる」と自信を見せている。そして、複雑さが増す世界の中で、インドが取るべきアプローチは「距離を置くのではなく関与していくこと」であり、「不確実性に対処することができれば、より早く台頭を成し遂げることが可能になる」と、積極的な姿勢を示している。歴史家にして未来予測学者のエマニュエル・トッドも仏紙『フィガロ』のインタビューでジャイシャンカルの本を読んだことに触れ、米中対立の中でインドにとって活動の余地や選択の幅が広がるとの洞察が示されていることに注目したと語っている。

インドがこうした状況の下で、「アムリト・カール」を最大限活かしながらさらなる台頭を遂げれば、二〇四七年までに米中に次ぐ第三の超大国に躍り出る可能性も現実的になってくるし、新たな国際秩序形成を担うことにもなるだろう。こうした情勢の推移を見きわめながら、日本も長期的な視座に立った外交が求められる。

ユーラシアとインド太平洋を俯瞰するとともに、南アジアとインド洋を中心とした地域の動きを分析することで、インド、中国、そして日米による新たな「グレート・ゲーム」の諸相を描き出したい――こうした考えを説明したところ、文春新書の前島篤志編集長は企画を高く評価し、採用を即決してくださった。また、筆者を担当してくださった新書編集部の大石正輝さんからは、的確なコメントやアドバイスをいただき、脱稿まで導いてくださった。お二人には大変お世話になった。そして、日本やインドをはじめ各国で筆者との意見交換に応じてくださった研究者や政府関係者、メディア関係者、企業関係者からは、さまざまな気づきや情報を得ることができた。一人ひとりお名前を挙げることはしないが、こうした方々の協力がなければ、本書を完成させることはできなかっただろう。もちろん、本書の記述内容の文責は筆者にあることは言うまでもない。こうした関係者の方々へ心からの御礼の気持ちを示して、本書を締めくくることにしたい。

二〇二三年二月

笠井亮平

【主要参考文献】

〈日本語資料〉
青木健太、笠井亮平「ユーラシア国際秩序を揺るがす二つの港湾開発」『外交』Vol.五七（二〇一九年九・一〇月）
青木健太「『自由で開かれたインド太平洋』におけるインフラ開発と秩序形成――チャーバハール港とグワーダル港を中心に」『別冊・中東研究　中東各国動向（２０１９）』二〇二〇年
麻生太郎「安全と繁栄を確保する日本外交」『国際問題』№五八三（二〇〇九年七・八月合併号）
伊藤融『新興大国インドの行動原理　独自リアリズム外交のゆくえ』慶應義塾大学出版会、二〇二〇年
「今井尚哉首相秘書官独占インタビュー」『文藝春秋』二〇一八年六月号
太田泰彦『２０３０　半導体の地政学　戦略物資を支配するのは誰か』日本経済新聞出版、二〇二一年
カウティリヤ（上村勝彦訳）『実利論　古代インドの帝王学（上）（下）』岩波文庫、一九八四年
笠井亮平『モディが変えるインド　台頭するアジア巨大国家の「静かな革命」』白水社、二〇一七年
笠井亮平「中国の『一帯一路』とグワーダル港開発」『別冊・中東研究　中東各国動向（２０１９）』二〇二〇年
笠井亮平『インパールの戦い　ほんとうに「愚戦」だったのか』文春新書、二〇二一年
笠井亮平「ロシアのウクライナ侵攻をめぐるインドの対応」『ロシアＮＩＳ調査月報』第六七巻第一一号（二〇二二年一一月号）

河合正弘「『一帯一路』からユーラシア新秩序へ」進藤榮一、周瑋生、一帯一路日本研究センター編『一帯一路からユーラシア新世紀の道』日本評論社、二〇一八年

小泉悠『現代ロシアの軍事戦略』ちくま新書、二〇二一年

小林義久『国連安保理とウクライナ侵攻』ちくま新書、二〇二二年

佐橋亮『米中対立　アメリカの戦略転換と分断される世界』中公新書、二〇二一年

ジェトロ「イタリアが『一帯一路』構想に関する覚書に署名（中国）」二〇一九年六月二七日 https://www.jetro.go.jp/biz/areareports/2019/757e34ee4a290d0c.html

ジャイシャンカル、S（笠井亮平訳）『インド外交の流儀』白水社、二〇二二年

「自由で開かれたインド太平洋誕生秘話」『NHK政治マガジン』二〇二一年六月三〇日 https://www.nhk.or.jp/politics/articles/feature/62725.html

鈴木均「イランをめぐる現状とチャーバハール港開発」『別冊・中東研究　中東各国動向（2019）』二〇二〇年

「第198回国会　参議院　予算委員会　第13号　平成31年3月25日」『国会会議録検索システム』 https://kokkai.ndl.go.jp/#/detail?minId=119815261X01320190325

高木誠一郎「中国と『インド太平洋』」日本国際問題研究所編『「インド太平洋」時代の日本外交—Secondary Powers/Swing Statesへの対応—』日本国際問題研究所、二〇一四年

溜和敏「『インド太平洋』概念の普及過程」『国際安全保障』第四三巻第一号（二〇一五年六月）

「中国への安倍親書『書き換え』外交で始まった側近政治」『朝日新聞デジタル』二〇二一年五月一八日　https://digital.asahi.com/articles/ASP5H5QG5P4MUTFK01F.html

張清敏「『韜光養晦、有所作為』政策の含意とその意義―ポスト冷戦初期における鄧小平の対外政策―」『法政理論』第四一巻第三・四号（二〇〇九年三月）
遠山茂「ソロモン諸島と中国との『安全保障協定』の締結」『国問研戦略コメント』二〇二二年五月一二日 https://www.jiia.or.jp/strategic_comment/2022-08.html
中野勝一『パキスタン政治史 民主国家への苦難の道』明石書店、二〇一四年
「二階俊博幹事長、『一帯一路国際協力サミットは「大成功」』」『人民中国』二〇一七年五月一六日 http://www.peopleschina.com/zhuanti/2017-05/16/content_741111.htm
西原正、堀本武功編『軍事大国化するインド』亜紀書房、二〇一〇年
「日通、中欧班列を利用し、同一コンテナで日欧間一貫輸送」『新華網』二〇一八年五月二一日 http://jp.xinhuanet.com/2018-05/21/c_137194392.htm
堀江則雄『ユーラシア胎動――ロシア・中国・中央アジア』岩波新書、二〇一〇年
堀本武功編『現代日印関係入門』東京大学出版会、二〇一七年
ミラー、トム（田口未和訳）『中国の「一帯一路」構想の真相』原書房、二〇一八年
「与党、中国の『一帯一路』協力に前のめり 慎重姿勢の政府と温度差 訪中団長の自民・二階幹事長『積極的に参加する』」『産経ニュース』二〇一七年一二月二八日 https://www.sankei.com/article/20171228-TGWW3PNVPNJ2PKXI6QAS2QCMIY/
メドカーフ、ローリー（奥山真司、平山茂敏監訳）『インド太平洋戦略の地政学 中国はなぜ覇権をとれないのか』芙蓉書房出版、二〇二二年
ラストガーテン、アブラム（戸田裕之訳）『チベット侵略鉄道 中国の野望とチベットの悲劇』集英

社、二〇〇八年
李瑞雪「シルクロード経済ベルトにおける中欧班列　新しい国際基幹輸送モードとして成り立つ条件」進藤榮一、周瑋生、一帯一路日本研究センター編『一帯一路からユーラシア新世紀の道』日本評論社、二〇一八年

〈中国語資料〉
楽水「韓版〝印太戦略〟公布：求和平、謀合作是亜太国家的共同願望」『中国網』二〇二三年一月六日　http://www.china.com.cn/opinion/2023-01/06/content_85042742.html
詹徳斌「詹徳斌：韓版〝印太戦略〟背後的糾結心態」『環球網』二〇二二年一二月三〇日　https://opinion.huanqiu.com/article/4B4nlvXsDEF
『習近平系列重要講話数据庫』http://jhsjk.people.cn
人民日報評論部編著『習近平用典』人民日報出版社、二〇一五年
中国外交部「王毅：美国〝印太戦略〟必然是一個失敗的戦略」二〇二二年五月二二日　https://www.fmprc.gov.cn/wjbzhd/202205/t20220522_10690865.shtml
『中国－中東欧国家合作』http://www.china-ceec.org/chn/

〈英語資料〉
Abe, Shinzo, “Asia’s Democratic Security Diamond,” *Project Syndicate*, December 27, 2012, https://www.project-syndicate.org/magazine/a-strategic-alliance-for-japan-and-india-by-shinzo-abe

China.org.cn., “China-Nepal Railway: Hope in the Himalayas,” YouTube, August 26, 2022, https://www.youtube.com/watch?app=desktop&v=ayIPyiambO0

Cook, Malcolm and Heinrichs, Raoul and Medcalf, Rory and Shearer, Andrew, *Power and Choice: Asian Security Futures,* Lowy Institute for International Policy, June 2010

Joshi, Manoj, *Understanding the India-China Border, The Enduring Threat of War in High Himalaya,* Hurst, 2022

Karasik, Theodore and Cafiero, Giorgio, “Geopolitics Drive Russia and the U.A.E. Closer,” Middle East Institute, April 4, 2017
https://www.mei.edu/publications/geopolitics-drive-russia-and-uae-closer

Khan, Yasir Habib, “Planned oil refinery in Gwadar will open up new chapter of development,” *Global Times,* November 16, 2022, https://www.globaltimes.cn/page/202211/1279668.shtml

Lintner, Bertil, *The Costliest Pearl: China’s Struggle for India’s Ocean,* Hurst, 2019

Meeting Asia’s Infrastructure Needs, Asian Development Bank, February 2017, https://www.adb.org/publications/asia-infrastructure-needs

Miller, Chris, *Chip War: The Fight for the World’s Most Critical Technology,* Simon & Schuster, 2022

“Oman offer to build Gwadar railway conjures Pakistan port’s past,” *NIKKEI Asia,* August 24, 2022, https://asia.nikkei.com/Spotlight/Belt-and-Road/Oman-offer-to-build-Gwadar-railway-conjures-Pakistan-port-s-past

Pompeo, Mike, *Never Give an Inch: Fighting for the America I Love,* Broadside Books, 2023

"Purchase of Gwadar," *DAWN*, December 18, 2018, https://www.dawn.com/news/1452133

Quamar, Md. Muddassir, "I2U2: A New Template for Cross-Regional Cooperation," *MP-IDSA Issue Brief*, September 5, 2022, https://www.idsa.in/issuebrief/I2U2-A-New-Template-mmquamar-050922

SIPRI, "Trends in International Arms Transfers, 2021," *SIPRI Fact Sheet,* March 2022 https://www.sipri.org/sites/default/files/2022-03/fs_2203_at_2021.pdf

Small, Andrew, *The China-Pakistan Axis: Asia's New Geopolitics,* Hurst, 2020

Talbott, Strobe, *Engaging India: Diplomacy, Democracy, and the Bomb,* Brookings Institution Press, 2006

"US Confronts China over Companies' Ties to Russia War Effort," *Bloomberg,* January 24, 2023, https://www.bloomberg.com/news/articles/2023-01-24/us-confronts-china-with-evidence-of-companies-aiding-putin-s-war#xj4y7vzkg

U.S. Department of State, "America's Engagement in the Asia-Pacific," Remarks by Hillary Rodham Clinton, Secretary of State, October 28, 2010, https://2009-2017.state.gov/secretary/20092013clinton/rm/2010/10/150141.htm

Varadhan, Sudarshan and Ahmed, Aftab, "Exclusive: India's Russian coal purchases spike despite sanctions," *Reuters,* June 18, 2022 https://www.reuters.com/markets/commodities/exclusive-indias-russian-coal-buying-spikestraders-offer-steep-discounts-2022-06-18/

"What is Amrit Kaal that Nirmala Sitharaman repeatedly mentioned in Budget speech?," *India Today,* February 1, 2023, https://www.indiatoday.in/india/story/amrit-kaal-nirmala-sitharaman-budget-2023-narendra-modi-2329026-2023-02-01

"World's first nasal COVID-19 vaccine approved in India; based on Washington University technology," *THE SOURCE,* September 7, 2022, https://source.wustl.edu/2022/09/worlds-first-nasal-covid-19-vaccine-approved-in-india-based-on-washington-university-technology/

Yousafzai, Fawad, "Depth of Gwadar deep-sea port reduces to 11 meters due to siltation," *The Nation,* May 13, 2022, https://www.nation.com.pk/13-May-2022/depth-of-gwadar-deep-sea-port-reduces-to-11-meters-due-to-siltation

笠井亮平（かさい りょうへい）

1976年愛知県生まれ。岐阜女子大学南アジア研究センター特別客員准教授。中央大学総合政策学部卒業後、青山学院大学大学院国際政治経済学研究科で修士号取得。専門は日印関係史、南アジアの国際関係、インド・パキスタンの政治。在インド、中国、パキスタンの日本大使館で外務省専門調査員として勤務後、横浜市立大学、駒澤大学などで非常勤講師を務める。著書に『インパールの戦い ほんとうに「愚戦」だったのか』(文春新書)、『モディが変えるインド』『インド独立の志士「朝子」』(以上、白水社)、訳書にS・ジャイシャンカル・インド外相の近著『インド外交の流儀』ほか、『シークレット・ウォーズ』『ビリオネア・インド』（いずれも白水社）などがある。

文春新書

1401

第三《だいさん》の大国《たいこく》 インドの思考《しこう》
激突《げきとつ》する「一帯一路《いったいいちろ》」と「インド太平洋《たいへいよう》」

2023年3月20日 第1刷発行
2023年8月5日 第2刷発行

著　者　笠井亮平
発行者　大松芳男
発行所　株式会社 文藝春秋

〒102-8008 東京都千代田区紀尾井町3-23
電話（03）3265-1211（代表）

印刷所　大日本印刷
製本所　大口製本

定価はカバーに表示してあります。
万一、落丁・乱丁の場合は小社製作部宛お送り下さい。
送料小社負担でお取替え致します。

ISBN978-4-16-661401-1

◆アジアの国と歴史

韓国併合への道 完全版 呉 善花
侮日論 呉 善花
韓国「反日民族主義」の奈落 呉 善花
韓国を支配する「空気」の研究 牧野愛博
金正恩と金与正 牧野愛博
「中国」という神話 楊 海英
独裁の中国現代史 楊 海英
ジェノサイド国家中国の真実 于田ケリム 楊 海英
劉備と諸葛亮 柿沼陽平
王室と不敬罪 岩佐淳士
キャッシュレス国家 西村友作
性と欲望の中国 安田峰俊
日本の海が盗まれる 山田吉彦
インドが変える世界地図 広瀬公巳
反日種族主義と日本人 久保田るり子
三国志入門 宮城谷昌光
ラストエンペラー習近平 エドワード・ルトワック 奥山真司訳
韓国エンタメはなぜ世界で成功したのか 菅野朋子
日中百年戦争 城山英巳
第三の大国 インドの思考 笠井亮平

◆さまざまな人生

生きる悪知恵 西原理恵子
男性論 ECCE HOMO ヤマザキマリ
それでもこの世は悪くなかった 佐藤愛子
僕たちが何者でもなかった頃の話をしよう 山中伸弥・羽生善治・是枝裕和 山極壽一・永田和宏
続・僕たちが何者でもなかった頃の話をしよう 池田理代子・平田オリザ 彬子女王・大隅良典・永田和宏
安楽死で死なせて下さい 橋田壽賀子
一切なりゆき 樹木希林
天邪鬼のすすめ 下重暁子
さらば！ サラリーマン 溝口 敦
私の大往生 週刊文春編
昭和とわたし 澤地久枝
それでも、逃げない 三浦瑠麗 乙武洋匡
知の旅は終わらない 立花 隆
死ねない時代の哲学 村上陽一郎
イライラしたら豆を買いなさい 林家木久扇
老いと学びの極意 武田鉄矢

在宅ひとり死のススメ　上野千鶴子
最後の人声天語　坪内祐三
なんで家族を続けるの？　内田也哉子・中野信子
百歳以前　徳岡孝夫・土井荘平
迷わない。完全版　櫻井よしこ
東大女子という生き方　秋山千佳
毒親介護　石川結貴
トカイナカに生きる　神山典士
美しい日本人　文藝春秋編
70歳からの人生相談　毒蝮三太夫
ペットロス　伊藤秀倫

◆食の愉しみ

発酵食品礼讃　小泉武夫
毒草を食べてみた　植松　黎
中国茶図鑑　工藤佳治・俞　向紅／丸山洋平・写真
チーズ図鑑　文藝春秋編
食の世界地図　21世紀研究会編
一杯の紅茶の世界史　磯淵　猛
辰巳芳子　スープの手ほどき　和の部　辰巳芳子
辰巳芳子　スープの手ほどき　洋の部　辰巳芳子
新版　娘につたえる私の味　一月〜五月　辰巳浜子・辰巳芳子
新版　娘につたえる私の味　六月〜十二月　辰巳浜子・辰巳芳子
小林カツ代のお料理入門　小林カツ代
一生食べたい　カツ代流レシピ　小林カツ代・本田明子
歴史の中のワイン　山本　博
農業新時代　川内イオ
農業フロンティア　川内イオ
世界珍食紀行　山田七絵編

ルポ　食が壊れる　堤　未果
80代現役医師夫婦の賢食術　家森幸男

品切の節はご容赦下さい